养育的觉醒

[美] 凯文·莱曼(Kevin Leman) ◎著
唐晓璐 ◎译

8 SECRETS
TO RAISING
SUCCESSFUL
KIDS

中国友谊出版公司

图书在版编目（CIP）数据

养育的觉醒 /（美）凯文·莱曼著；唐晓璐译 . -- 北京：中国友谊出版公司，2024.1

ISBN 978-7-5057-5798-1

Ⅰ . ①养… Ⅱ . ①凯… ②唐… Ⅲ . ①家庭教育 Ⅳ . ① G78

中国国家版本馆 CIP 数据核字（2023）第 247599 号

著作权合同登记号　图字：01-2023-5787

Copyright 2021 by KAL Enterprises, Inc.
Originally published in English under the title 8 Secrets to Raising Successful Kids by Revell, a division of Baker Publishing Group, Grand Rapids, Michigan, 49516, U.S.A.
All rights reserved.

书名	养育的觉醒
作者	〔美〕凯文·莱曼
译者	唐晓璐
出版	中国友谊出版公司
发行	中国友谊出版公司
经销	新华书店
印刷	大厂回族自治县德诚印务有限公司
规格	710 毫米 ×1000 毫米　16 开 14 印张　206 千字
版次	2024 年 1 月第 1 版
印次	2024 年 1 月第 1 次印刷
书号	ISBN 978-7-5057-5798-1
定价	49.00 元
地址	北京市朝阳区西坝河南里 17 号楼
邮编	100028
电话	（010）64678009

本书献给我的5个孩子：霍利（Holly）、克里希（Krissy）、凯文二世（Kevin Ⅱ）、汉娜（Hannah）和劳伦（Lauren）。你们成功的人生和对家庭的热爱足以证明本书中教育子女的方法是正确、有效的。

前　言

你是否感觉下面这些场景似曾相识?

- 你希望孩子的性格活泼一些,但他的表现却"超出了你的期待"。
- 每次只要你刚给孩子买了件什么东西,他恨不得下一刻就要最新款。
- 无论你和孩子说什么,对话都是以争吵告终,而只有你感觉糟透了。
- 就连爱因斯坦也数不清孩子朝你翻过多少个白眼。
- 孩子总是能精准地把握让你愧疚的底线,然后"踩在它上面跳舞"。
- 每次孩子打来电话告诉你他在哪儿,他都没在自己说的那个地方。
- 如果再听到孩子说一句"管它呢",你就想连夜把他打包送去乌干达。
- 如果你不连续喊孩子的名字3声,他就根本不会理你,而你喊他名字的频率只会越来越高。
- 他就是那种典型的认为"整个世界都应该围着我转"的孩子。
- 在孩子眼里,同龄人小团体信奉的那一套理论要远比常识和家庭价值观重要得多。
- 孩子甚至会抱怨你没有时间帮他写作业。
- 你希望孩子知道"感激"两个字怎么写,至少偶尔要知道感恩。
- 你总是希望能做到最好,却好像永远都做得不够好。
- 孩子总是话特别多,说的还都是不让人省心的内容。
- 孩子从来不觉得自己有错,就算出现了错误也是别人的问题。
- 孩子想干什么就干什么,甚至懒得找借口。

- 孩子刚刚告诉你，因为你，他的脸都丢尽了。
- 如果牛仔裤的价格不到 700 元，他连穿都不会穿。
- 对于子女的日常教育，你遵循的原则是"没有期待就没有失望"。
- 只要你让孩子去倒垃圾，他就会感觉这个世界都要完蛋了。
- "我想要……""但你必须……""你最好……，不然……"，说出这些话对你们来说是家常便饭。
- 上一次孩子想帮助别人是什么时候来着？——根本没有这种时候！
- 孩子完全不想去（外）祖父母家。
- 比起拥抱孩子，你更喜欢把"你要是再敢……，我就……"挂在嘴边。
- 上一次没有抱怨、争吵和离席的家庭聚餐是在什么时候来着？——冰河世纪吧。
- 对孩子来说，"奉献"这个概念就和"收拾好自己的东西"一样陌生。
- 唯一尊重你家庭地位的家庭成员似乎是你的狗。

　　世界上的每一位父母都面临着同样的问题。我们都通过各种方式培养孩子，使他们具备良好的品格，而不是由着他们恣意妄为，但结果往往事与愿违。即便如此，在如今这样一个物欲横流的社会里，我们仍能掌握培养孩子取得成功的方法，让他们充满智慧并自信地开启一条独特的成长道路。而这种方法要从作为父母的你身上入手，其他任何人都不具备这种力量。

　　想要让孩子成为有耐心、善良、谦虚、懂得感恩并且尊重自己、尊重父母、尊重他人的人吗？想要让孩子在工作上勤奋进取吗，哪怕旁人认为某项任务无法完成也绝不轻言放弃？想要让孩子在人生的各个领域——无论是自身成长、职业发展还是人际交往上都充分发挥自己的优势吗？

　　你无法强迫孩子对你所做的一切心怀感激，但可以通过树立尽职尽责的良好自我形象帮助他们取得成功。这些孩子将成长为让你感到骄傲和自豪的大人，在面对生活的风浪时保持沉着与镇定，甚至会担任"船长"的角色，为他人扬帆掌舵。

你会获得的一个额外的惊喜是，尽管这些孩子已经成人，也还是会想要回家，回到你的身边。他们可能会带着自己的伴侣，或者牵着一两个可爱的小天使回到家中。当然，在你们相聚的时光里，少不了的场景是在家庭聚餐时你向孙辈讲述曾经的"峥嵘岁月"。

相信我，我就是过来人。我有5个孩子、4个（外）孙子/女，他们经常回到我和爱妻桑德（Sande）位于亚利桑那州（State of Arizona）的老家，每到这个时候，家里都热闹极了。并不一定要在什么节假日、生日或者其他纪念日大家才聚在一起，孩子们回家只是因为他们想回来。

那么，请继续阅读本书吧。我向你保证，即使这一代的孩子普遍抱有"什么都无所谓"的心态生活，通过你的培养，他们同样可以取得成功。

目　录

概　述　如何帮助孩子取得成功？
　　003　孩子的品格决定了他未来的成就
　　006　亲子关系决定了孩子人生的幸福指数

秘诀一　培养孩子的这些品格，比考出好成绩更有用
　　013　你希望孩子拥有哪些品格？
　　016　比起不输在起跑线，找到教育的目的地更重要
　　019　激励与兴趣的力量：告诉孩子"你有能力"

秘诀二　先有合理的期盼，再谈望子成龙
　　026　与其憧憬虚幻的未来，不如专注于能做的事
　　028　借助生活琐事"磨炼"出优秀的孩子
　　043　如何为孩子量身制订品格培养策略？
　　044　破解孩子的行为密码
　　053　如何让孩子聪明懂事？——培养孩子的洞察力

秘诀三　尊重孩子，是让孩子听话的第一步
　　059　孩子不是你的"克隆人"
　　062　关于原生家庭，父母不可不知的一些事
　　064　如何找到适合自己孩子的沟通方式？

073 改变孩子，从改变父母的行为开始

075 在生活中如何做到因材施教

078 如何培养孩子不服输的生活态度

079 如何改变孩子的行为

084 性格培养原则：发挥优势性格，改善劣势性格

087 亲子互动的思维陷阱：以父母为主导

091 如何帮孩子实现自己的理想

秘诀四　好的挫折教育需要父母先做榜样

095 你怎样做，孩子就会怎样做

096 如何向孩子传递积极的价值观

101 对孩子关怀备至不如让孩子自己长教训

112 做孩子心目中的英雄

秘诀五　把握好管束与放任的度，才能维护好亲子关系

115 别丢弃代表家长权威的"王牌"

118 管教 ≠ 惩罚

127 做理性父母，才能养出充满幸福感的孩子

131 帮孩子走向成功的三个要素

136 孩子不服说教？讲个故事试试

138 这样教礼貌，让孩子握紧社会交往的敲门砖

秘诀六　培养孩子取得成功的 6 条"必须"原则

145 原则一：告诉孩子"你要为自己的选择负责"

147 原则二：教孩子尊重父母，否则孩子不会尊重任何人

150 原则三：学会"非暴力"沟通，别让孩子用一生治愈童年

153 原则四：两个窍门让你的说教有回应、有效果
155 原则五：坚定地拒绝孩子不合理的要求
157 原则六：好事多磨，再难管教的孩子也不能放弃

秘诀七 别发火，请协助孩子面对亲子矛盾

161 如何避免被"熊孩子"操纵情绪
165 为什么孩子能轻易点燃你的怒火
166 孩子性格跟父母不同该怎样教养
168 多子女家庭中，孩子们分别扮演怎样的角色
173 多子女家庭，父母的"一碗水"如何端平
179 6个效果立竿见影的亲子冲突化解办法
189 成功就是最大程度发挥天赋

秘诀八 爱与陪伴，是对孩子最重要的教养

193 孩子的课外活动怎样安排才科学？
195 我对孩子"掏心掏肺"，他为什么感受不到？
203 运用任何教养技巧前，请先了解你的孩子
205 改变孩子，从接纳他们开始

总 结 养育孩子是父母的"第一事业" 209

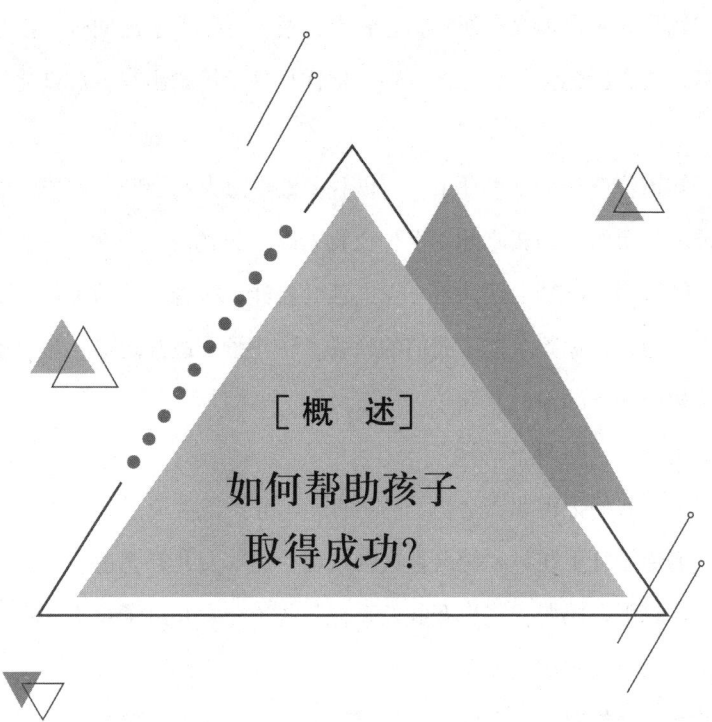

[概 述]

如何帮助孩子取得成功？

让我们来设想以下场景。

你好不容易完成了一个大项目，筋疲力尽地回到家，发现 11 岁的儿子和 14 岁的女儿正待在厨房里。

"妈妈，我来帮你拿东西吧，它看上去很沉。"儿子冲向你，接过你手里的购物袋，放在厨台上，然后把食物一样样从袋子里拿出来，放进冰箱和食品柜里。

"我知道你今晚一定累坏了，所以我来做点意大利面吧。妈妈，你累了一整天还要去超市给我们买吃的，至少让我来做一顿晚饭。"女儿一边说着一边从灶台前转过身，脸颊上还沾着一点红色的酱汁。接着，她给了你一个拥抱。

"嘿，姐姐，你脸上沾了我们的晚餐。"儿子一边开玩笑一边用餐巾纸轻轻擦掉姐姐脸颊上的酱汁。

女儿笑道："谢谢。"

"对了，我们记得明天是奶奶的生日。"儿子继续说道。

"我们给她订了花，是她最喜欢的玫瑰花。"女儿补充道。

"去休息吧，妈妈。这里有我们呢，"儿子冲女儿点了点头，咧嘴笑道，"我会帮姐姐收拾厨房的。"

女儿亲热地揽着你走出厨房，经过玄关，继续说道："晚餐做好我会叫你的，妈妈。"

我猜大多数人的第一反应一定是走出家门，然后一脸困惑地盯着门牌号，心想：这里真的是我家吗？

我们要去哪里找这样的孩子——他们懂得尊重父母，帮助他人，与兄弟姐妹和睦相处，甚至还能想到自己的奶奶？

上述"孩子们欢迎你回家"的场景并非只会出现在梦里，这一点我可以肯定。因为我已经长大成人的 5 个孩子小时候就是如此，如今他们每次回家之后的表现也没有任何改变。活用本书中提到的久经考验的方法，你也一定可以培养出这样的孩子。这些方法已经帮助了成千上万个家庭，它们也一定可以改变你的家庭和家人。

孩子的品格决定了他未来的成就

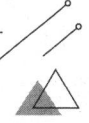

如今,想要培养出一个有个性又不任性的孩子的确不容易,我深知这一点。因为我小时候就非常任性,让我的母亲累坏了。除了我,母亲还有两个孩子,他们都非常优秀——我姐姐的学习成绩名列前茅,我那擅长运动的哥哥则是校体育队的队长。我呢?我就是那个到处惹麻烦的"熊孩子"。母亲待在校长办公室里的时间比我还多,甚至每天早上都要为我祷告,期盼我今天不要犯太多错。

还记得上文描述的场景里的儿子吗?我和他一样,也会洗碗。但区别在于,我不会主动洗碗。洗碗是父母要求我做的一项家务活,每当到了这个时候,我一定会"捣乱"。

一口沾满食物残渣的锅很难清理吧?我会往锅里挤好洗洁精,再倒满热水,然后……把锅藏进烤箱里。我知道过不了多久妈妈或者姐姐就会来厨房寻找,因为她们要用那口锅。她们总会找到我藏锅的地方,冲我翻个白眼,然后认命地自己动手清洗。

我并不认为她们曾试图让我为自己的行为负责,就上文的例子而言,实际上是我没有完成自己的任务。但是她们很清楚,有满屋子抓我然后逼迫我去洗锅的工夫,她们自己早就把锅洗干净了。所以她们只能一边叹气一边清洗那口锅,而我的生活则一如既往。

与此同时,我会出门去小河边钓鱼,和好朋友玩摔跤,或者藏在厨房的角落里,笑着看她们翻箱倒柜地找那口锅。

虽然捣蛋的事干了不少,但母亲从未放弃过我。她竭尽全力帮助我这个任性的小家伙成长为一个有能力并且愿意回馈社会的人,我为她能够亲眼见证这一切而感到无比庆幸。还有我"完美的"姐姐萨利（Sally），虽然我小时候一直很烦她，但她对我的爱始终如一。现在她仍会带着亲手制作的树莓派来我家串门，那可是她的拿手绝活，堪称珍馐美味。

但想要让孩子做到以下这几点，完全不用等上数十年：

- 不用大人提醒就懂得说"请"和"谢谢"。
- 不用大人要求就会主动洗碗。
- 将私人空间和家里的公共空间打理得井井有条。
- 不用大人提醒就及时完成作业。
- 能够同你进行一场令双方愉悦的对话。
- 主动帮大人，不会抱怨或者发牢骚。
- 善良、体贴、诚实、懂得倾听。
- 愿意帮助弱势群体或者受欺负的人。
- 大家都知道他为人正直、遵守诺言。
- 有上进心，凡事都想做到最好；也能接受失败，并从中吸取教训。
- 是同龄人的榜样，没有被青春期的"龙卷风"刮得东倒西歪。
- 享受待在家里的时光，并会坦诚地告诉你他的想法。
- 发自内心地喜欢自己的兄弟姐妹，并愿意支持他们。
- 勇于面对逆境，因为他知道自己可以处理好即将面对的问题。
- 会思考，并且能积极规划自己的未来。
- 尊重父母，哪怕他有时并不认同你的行为。

如今，人们几乎都以一种"什么都无所谓"的心态处理问题。那么我们该如何培养出符合前文描述的孩子呢？他们拥有良好的自我形象和强烈的责任感，能够在取舍之间找到平衡，激励自己发挥最大潜能，待人有礼貌，做事持之以恒，具备优良的品德，能积极应对困难，即便受到打击或者面对生活的诸多不确定性，也依旧能对未来充满信心，了解自己擅长的领域并且全身心地投入其中；在十几年后，他们会主动打电话问候自己的兄弟姐妹和父母；每逢佳节和家人生日时，他们会愉快地回家和家人团聚。

每一位父母都梦想着成为最成功的父母，拥有最优秀的孩子。

但现实总是残酷的。

如果你不认同上面这两点，只能说明你还戴着"新手父母"这项闪闪发亮的"皇冠"。你家刚刚迎来新生儿的那几天，你一定自豪极了！但很快，这个小家伙就会因为腹绞痛或者尿布疹开始号啕大哭。经历过在凌晨两点钟反复被孩子折腾的遭遇之后，相信我，那项"皇冠"多半要失去光泽了，你将迅速加入地球上其他普通父母的大军中。倘若你收养了一个年纪比较大的孩子，成为他们的继父母，当他们说出"你管不了我，你又不是我真正的妈妈/爸爸"这句话时，你头顶的"皇冠"的光芒会瞬间暗淡下来。

为了你自己着想，请立刻认清现实吧：这个世界上并不存在十全十美的父母，也不存在十全十美的孩子。在教育子女这件事上，追求完美等同于自掘坟墓。你要明确一点：你和你的孩子都是独一无二的个体，但是你们都不完美。

不过，我们也用不着为此感到沮丧，如果失去了这些"不完美"，我们的生活也就不会这么丰富多彩了，对吧？我的意思是，香草冰激凌当然很好吃，我永远不会拒绝它，尤其再搭配上一块热乎乎的自制苹果派；但浇满焦糖和浓巧克力的樱桃冰激凌难道不更让人食欲大增吗？

亲子关系决定了孩子人生的幸福指数

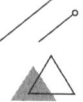

你可能刚刚踏上做父母的道路，将有更多的机会培养孩子，帮他们取得成功，这无疑是一件好事。许多新手父母会阅读大量有关教育子女的文章和书籍，然后采取我称之为"果冻大杂烩"的办法：在得到所有的果冻之后，把不同口味的果冻全部倒进一个大碗里搅拌，然后，为了追求刺激，将这碗果冻大杂烩朝着"教育子女"的墙面上狠狠泼过去，看看最后哪些能粘在墙上。

但现在，你完全不用尝试这些乱七八糟的方法。本书介绍了8个历经时间考验的育儿秘诀，能够帮助你培养出成功的下一代，并在这一过程中建立健康的亲子关系。

这些方法并非权宜之计，而是切中要害的治本之道。这些方法对于建立健康的亲子关系十分有效，不论你的孩子年龄多大、处于何种阶段。诚然，在这段旅程中我们也会遇到坎坷，会走弯路，甚至因为想喘口气而彻底偏航，停靠在一片荆棘当中。但在这个过程中，你和你的孩子都可以掌握与他人进行良好沟通的技巧，得到彼此的尊重并收获友谊般的情感。

你还可能养育着好几个孩子，我一看到你的眼袋就什么都明白了，它正是无数个不眠夜和叽叽喳喳地一直要求你"看着我"的声音所导致的。那些还不到1米高的宝贝们，很快就会成为青少年了。他们的体重增加了几十斤，个子长了几十厘米，但行事作风和小时候完全没有差别！你想要任由这些"大一号的生物"统治你的家庭并对你发号施令吗？你期待在孩子的成长过程中见证他们的改变吗？——既为了他们未来的成功，也为了你的理想生活。如果你想做出改变，那就立刻按照本书中介绍的秘诀展开行动吧！你一定不会后悔的！

> 这是一套适用于全龄段孩子的亲子关系建立法则。

如果你的孩子已经步入青春期，我不得不说，此时家长面临着极大压力，心情就像坐上了过山车。当你开始面对孩子升初中、升高中、考大学或就业等一系列问题时，就更应该掌握本书中介绍的秘诀。这一阶段对孩子来说有一个好处，那就是他们的逻辑思维能力提高了——虽然有时候你感觉完全不是这么回事。但在实践中，这无疑是一个有利因素。然而，不管是父母还是孩子，在多年与彼此的相处中都已经养成了一些习惯，想要打破它们则需要拥有更多的意志力和耐心，否则你们将永远无法做出改变。

我相信你们当中的一些人已经尽到了为人父母的职责，但仍旧算不上"年度最佳父母"。生活好像处处和你作对，孩子并没有变成你所期望的样子。无论如何，从今天开始，你可以松一口气了，让我们选择一条全新的道路，你是一切的起点。父母是孩子们无可替代的榜样，他们需要你、崇拜你，并且一直在观察你。

可以说，所有的父母都是匆忙间被拉入"上岗培训"中的，没有人在这之前做好了充分的准备。如果有人在我和桑德的第一个孩子霍利出生前10个月把我拉到一边，对我说："哥们儿，你知道自己未来一共会有5个孩子吗？光是在教育方面你就要为他们花掉超过430万元！"我可能当场就会晕厥。

每一代的父母都曾抱有同样的困惑，他们摇着头思考：**"我们到底该如何培养孩子？怎么才能将他们培养成对社会有用的人？"**但我们有幸能够向下一代人展示，什么才是真正的成功，而下一代人又会继续影响他们的后代，薪火相传。

本书中介绍的法则并不是可以一劳永逸的"咒语"，而是行动的基础和支撑。它能促使你改变自己的想法和回应方式，接着，你的孩子也会做出相应的改变。无论孩子多大年龄，你的努力都会构建出一种双赢的亲子关系，哪怕到他18岁走出家门追寻自己的人生目标时这种关系也不会消失。

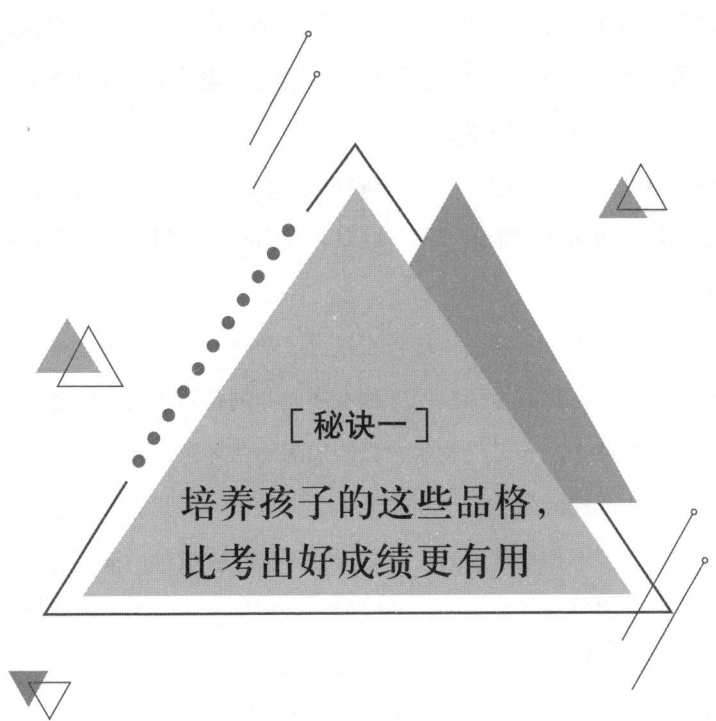

[秘诀一]

培养孩子的这些品格，
比考出好成绩更有用

"长大之后你想做什么？"

想想看，当你还是一个孩子的时候，是不是身边的每个大人都问过你这个问题？等到你十几岁时，你是不是早就对这个问题烦透了？你会觉得他们有工夫问这些还不如管好自己的事情。

我小时候想当一名消防员，憧憬着自己驾驶一辆闪烁着亮光的红色消防车，一边鸣笛一边风驰电掣地"闯"红灯，接着抱着一根巨大的软管将水柱高高地喷向空中。

后来，我又想当一名牙医，幻想着自己"命令"每一位患者张开嘴并发出"啊——"的声音，然后用那些闪烁着金属光泽的精巧工具修补他们因吃了太多糖果而长出的蛀牙。不过，倘若我真的成为一名牙医，恐怕那些患者就要自求多福了，因为我可能会一不小心拔下一颗犬齿——但我需要拔下的应该是白齿，毕竟我是个"不拘小节"的人，而我的生物学成绩也马马虎虎。

很多人都会想象自己的孩子将来成为一名医生、律师、工程师、教师或科学家的样子，到时候孩子会继承家族产业，抑或成为家里第一个考上大学的人。

如果我现在问你希望自己的孩子将来从事什么类型的工作，我敢打赌，你能列举出好几个选项。

而我们鲜少谈论的话题是：孩子们将来会成为什么样的人？纵观成千上万来自美国和加拿大的父母们表达出的困惑，我们可以发现，其中99%的内容都反映出一个根本性问题：我们的孩子现在是什么样的人？我们又希望他们未来成为什么样的人？我们来看看下面这些例子：

- 我女儿总是口无遮拦，我该如何教导她学会尊重别人？
- 我儿子今年15岁，我发现他有些自私，完全不关心其他人。我该如何告诉他尊重他人的重要性，比如如何跟妹妹、住在隔壁的老奶奶相处？我希望他能主动帮老奶奶去杂货店买东西或者取信。

- 我4岁的女儿经常发脾气。我该如何让她停止发脾气？在家的时候，我可能只是觉得她很吵闹，但如果在商店等公共场合，我会觉得非常尴尬。我们住的镇子不大，现在的情况使我都不想去杂货店了。

- 我儿子今年11岁，他非常懒惰，什么事都做不成，更不用说守时了。他上学的时候常常迟到，还总是冲我发火，说问题出在我身上。我该怎么处理这件事？

- 我的4个孩子总是因为鸡毛蒜皮的小事打架，我该怎么阻止他们？兄弟姐妹之间不是应该团结友爱、互相扶持吗？

- 我6岁的儿子最喜欢说的话就是"我不要"。不管我让他做什么事，他都甩给我这句话，就好像预先编辑好程序的机器人似的。我该如何改变他这种行为？我担心这会变成他的习惯。

- 我问儿子未来有什么打算，他直接回答我"能活着就行了"，然后转头继续在网上"冲浪"。这样我还怎么和他沟通别的事情？

- 给孩子多少东西才算足够？我们夫妻俩小时候家境不好，但我们通过努力工作过上了舒适的生活。可是我们给儿子的好像还不够。他总是想要更多的东西，如果我们给不了他，就会觉得自己作为父母非常失败。所以我们该如何判断自己是给多了还是刚好足够？

- 我们家的家教观念是"人人为我，我为人人"。可如今我孩子信奉的理论更像是"人人为我，我为我自己"。我该如何扭转他们的这种想法，至少让他们学会帮助家人，比如收拾厨房？

- 我女儿讨厌数学。每当我想辅导她学习，她就会号啕大哭。她和我说数学太难了，她就是不擅长。我该怎么帮助她解决这个问题？

- 我3岁的儿子从来不在正常的用餐时间吃东西。每次我把食物放在高脚椅的托盘上，他都会目不转睛地盯着我们，然后一把把盘子"扫"到地上，飞溅的食物把地毯弄得一团糟。最终，我们放弃让他在这种时候吃东西了，他喜欢玩就去玩吧，至少其他人能安静地吃顿饭。但我该怎么做才能改变他的这种行为？

- 我很担心自己正上中学的儿子，他看上去每天都不太一样。要么是为了赶时髦，要么是同龄人说了什么或者做了什么影响到了他。我想让他变回那个我熟悉的、愿意和我们一起出去玩的儿子，我该怎么做？
- 我8岁的女儿总是欺负其他孩子。这已经是我第3次在上班的时候接到了老师的电话，让我去学校。虽然每次我都会让她禁足一个星期，但她听了只是耸耸肩，然后若无其事地问我能不能在回家的路上顺道去买她最喜欢的快餐食品。她怎么就不懂得适可而止呢？
- 我已经厌倦了家里摔门的声音。我的儿子有时候会因为生气故意摔门，有时候只是回家或出门时不小心摔门。但无论如何，哐哐的摔门声经常出现。我该怎么制止这一令人头疼的行为？我简直要被逼疯了。
- 我女儿显然适合学社交专业，其他东西对她来说都是"辅修"，你看她的成绩就知道了。可如果成绩不好的话，她连大学都上不了。我该怎么做才能让她认真对待自己的人生？
- 我们家排行老三的孩子每次被他人挑衅时都会退缩，就连鸡毛蒜皮的小事也不例外。他跟自己的3个兄弟都相处得不好，更别提在这个"狗咬狗"的社会中生存了。我该如何教会他为自己而战？
- 我大女儿的各科成绩都很优异，可她妹妹只有体育成绩好，其他科目刚刚及格，甚至成绩还在下滑。我该如何激励她向姐姐学习？

如何在一个物欲横流的社会里培养出成功的孩子？以上不过是父母常见的一些困扰罢了，我相信还有其他各种各样的问题存在。在本书中，我们将逐一探讨这些问题的解决之道。

但接下来，我想要问你一个问题：你希望孩子长大后成为怎样的人？

你希望孩子拥有哪些品格？

倘若没有一个最终目标，你是无法引导孩子取得成功的。所以，我希望你能设想一下未来5年、10年、15年或者20年后的情形。你的孩子现在已经是可以独立生活的大人了，有了自己的伴侣，也可能有了自己的孩子。当他踏入家门和你共进晚餐时，你们的家庭聚会是怎样的场面？不论是面对面谈话还是发信息，你所期待的亲子交流又是何种状态？你希望他与家人、朋友、伴侣或者孩子之间的互动又是什么样的？

现在，抛掉以往对于孩子未来的这些幻想：他们的职业、薪酬、社会地位，他们开什么样的车，住在哪里，又会去哪里度假等。

这些不过是表面上的花团锦簇，是专供人观赏的光鲜外在，或许在特定情形下代表了他们的社会地位，但无法真正反映出你的孩子本质上是一个怎样的人。

相比之下，仔细想想看，你希望孩子未来成为什么样的人？他们应该具有怎样的品格、行为、态度和价值观？

他们是否：

- 在所有事情上都保持诚实和坦率的态度，包括纳税？
- 与人为善，平等地对待他人，不论对方是哈佛毕业生还是本地的洗车工？
- 遇到难相处的人和面对计划外的事时仍旧保持耐心？
- 愿意主动询问你的意见，但仍会在权衡所有的选项之后再做决定？
- 尊重和支持伴侣，忠贞不渝？
- 对于任何工作都全身心地投入？

- 乐观积极，内心平和，不会被过去或者当下无法控制的事情所引发的愤怒和怨恨冲昏头脑？
- 信念坚定，并遵循这些信念行事？
- 内心敏感，尊重所有拥有不同信仰、背景和价值观的人，哪怕并不理解或是赞同他们的行为？
- 有储蓄的习惯，而不是"月光族"？
- 在遭遇挫折后仍旧选择继续向前，即便这意味着要在泥泞中花时间收拾好自己，再重新出发？
- 渴望在力所能及的范围内做出独一无二的、有价值的贡献？

他们是否：

- 在负责任的同时也充分享受生活？
- 在面对困境时也不轻言放弃？
- 主动帮邻居干活，哪怕是自己不擅长的领域？
- 愿意花时间陪自己的孩子玩耍，听他们说话？
- 在规划未来和享受当下之间找到平衡点？
- 面对不幸之人，慷慨地给予帮助，并为之付出自己的时间？
- 能在经历挫折后重新振作起来，并从中汲取经验教训，下次尝试不同的方法？
- 尊重他人，也尊重自己？
- 同情那些在生活中苦苦挣扎的人们，并以适当的方式提供帮助？
- 坚守自己的价值观，知道什么该做、什么不该做，而不是盲目听从旁人的指挥？
- 为自己的行为负责，即便这会带来令人痛苦的结果，也不愿推卸责任？
- 拥有健康的价值观，能恰当处理来自他人的诋毁，不被他人利用？
- 懂得三思而后行？

- 在面对困境时，选择迎难而上，而非投机取巧？
- 勇于说出"对不起，是我搞砸了"？

花几分钟时间，思考一下你希望孩子未来成为什么样的人。大致勾勒出他的品格、行为、态度和所持有的价值观。

现在，我们至少有一张初步的清单了吧？之后你可以随时在上面补充内容。事实上，我非常鼓励你这么做。把清单放在一个隐蔽但容易拿取的位置，方便你和你的伴侣（如果你有伴侣的话）添加、记录内容。但不要把它贴在孩子能看到的地方，比如冰箱上。将清单的内容保密将会给你带来更多的惊喜和掌控力，原因何在？

告诉或者**提醒**孩子你希望他们具备的品格与言传身教、用事实来说话所达到的效果截然不同。我猜你一定不喜欢时常被唠叨应该如何表现，或者辜负了大家的期待。你的孩子同样不喜欢。所以，暂时先不要告诉孩子清单上的内容。

可能你的清单内容会包括下面 7 种常见的品格，参加研讨会的许多家长都将它们视为成功的标志：

- 自控力
- 坚韧
- 拥有自我价值观
- 诚实
- 耐心
- 生活平衡
- 善良

本书将指导你如何积极主动地培养孩子，使他们具备这些品格。请记住，教养孩子无须说教，也不要操之过急。

比起不输在起跑线，找到教育的目的地更重要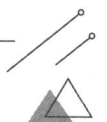

你希望孩子具备怎样的品格？对于回答这个问题，有些家长可能已经列好了一份长长的清单。

如果你是家里的老大或者独生子，你从小就需要帮父母做一些家庭琐事，那么你可能很早就学会并习惯了在做事之前列清单。所以，这个练习一定让你跃跃欲试。

如果你是家里排行中间的孩子，身边围绕着兄弟姐妹，那么你应该很清楚，有时候你就是会被忽视。所以如果现在你已经有好几个孩子了，那么就需要把清单的内容进行拆分，确保每个孩子"被赋予"同等数量的品格、特征。如果你希望自己的每个孩子都成为优秀的、独一无二的人，那么就必须将每个孩子视为单独的个体来对待。

如果你是家里最小的孩子，那么这项练习你可能并不愿意去做。或许，在练习的过程中你会多次起身去喝咖啡或者吃点零食，然后找个人聊两句，再坐回来一边叹气一边列清单。为什么我会这么清楚你的行为？因为我就是家里最小的孩子，如果有人让我做这种练习，我的反应就是如此。但请坚持住，我向你保证这一切都是值得的。

正如我已故的朋友史蒂芬·柯维（Stephen Covey）在《高效能人士的七个习惯》（*The 7 Habits of Highly Effective People*）一书中提及的，如果你想完成某件事，在开始之时，你的脑海中就要有最终目标。有鉴于此，明确你希望孩子具备怎样的品格是一切后续行动的关键基础。仅仅是列一份清单，写下你希望孩子将来成为什么样的人，就已经向着让这一切变成现实迈出了一大步。

让我们打个比方，开车的时候如果不事先设定好目的地，你很有可能会多次绕路。想要培养孩子取得成功却不预先明确自己的目标也会得到同样的结果。

一位拥有 5 个孩子（年龄从 2~15 岁不等）的母亲最近和我说："我家里的情况必须有所改变。"

在接下来的几分钟里她不停地宣泄：孩子做的那些事简直要把她逼疯，自己的工作负担又重，丈夫也帮不上什么忙。

最终，我缓缓举起手说道："让我来问你一个问题，你希望事情发生怎样的改变？"

她耷拉着肩膀道："我不知道。我只是需要改变！"

> 开车的时候如果不事先设定好目的地，你很有可能会多次绕路。想要帮助孩子取得成功却不预先明确自己的目标也会得到同样的结果。▲

面对这样一位筋疲力尽的母亲，恐怕很多人都能感同身受。你确实想做出改变，但这一过程可能伴随着诸多痛苦。老实说，你并不清楚所谓成功的子女教育是什么样的，因为在你的成长过程中并不存在一个好的榜样。你的方法是从不断的试错中总结出来的。这就是为什么我们要一步步去实现你所渴望的那种改变。在本书中，我会分享大量真实的生活案例和切实可行的解决之道。

你很清楚如何设立一个目标，但当突发状况出现时，又该怎样灵活地进行调整？这可不是件简单的事情。毕竟，你是个普通人，你的孩子也是个普通人，有时候你们当中的某个人（或者你们俩）不想按照计划行事。诚然，这条道路并非一帆风顺，但我向你保证，一旦你帮助孩子取得了成功，在此过程中付出的一切都是值得的。

如果你想成为孩子最好的朋友，那么在如何与孩子沟通和相处的方面你也许会有疑惑。因为你可能既希望孩子能乖乖听话，又不想与孩子发生冲突。但如果你想让孩子在长大后取得成功，在遇到问题时就不能任由孩子根据自己的想法发展，你必须坚守目标。就算孩子一时会生你的气，但在未来也一定会感激你，尤其是在他们有了自己的孩子之后。如果你真的能做到这一点，那就等同于为自己的孩子指明了成为好父母的方向。

有的父母更喜欢在人生道路上漫无目的地行走，既不携带地图也不做任何规划——因为他们认为这样的旅程会有更多的乐趣。在教育孩子时一定不要如此行事，要做到意图明确。基于既定的价值观、信念和目标慎重做选择，孩子才能在日常生活中茁壮成长，并知晓你对他们的期望。在如今这样一个喧嚣繁杂的世界中，你对孩子的期盼和爱都是家庭安全网的重要组成部分。

> 要做到意图明确。基于既定的价值观、信念和目标慎重做选择，孩子才能在日常生活中茁壮成长，并且知晓你对他们的期望。

无论眼下你正处于为人父母的哪个阶段，一个清晰的目标对你而言至关重要。简要罗列出你所看重的个人品质，相当于已经完成了以下几项任务：

- 明确培养在未来取得成功的孩子的具体目标。
- 建立衡量决策适宜与否的标准。举个例子，如果你打算做某件事，这一行为使你朝着既定目标更近了一步还是背道而驰？
- 有采取具体行动的确切理由。短时间内你可能会很不适应，但从长远来看，这有助于你实现最终目标。
- 发现意图明确的子女教育所带来的长远影响。

看看自己已经完成了哪些内容。这仅仅是本书的第一章，给自己一点鼓励，然后继续努力。

激励与兴趣的力量：告诉孩子"你有能力"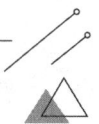

每当回想起自己小时候的愿望是当一名消防员或者牙医，我都不禁莞尔。显然，我真正擅长的东西和这两个领域并没有直接关联。

但对这两个职业的向往或多或少能反映出曾经的我是一个怎样的人，而现在的我也并没有改变。

我想要成为拯救世界的英雄，吸引人们的注意力，为陷入痛苦的人带来安慰。这三条线索相互交织，共同打造出如今的我：一名引导家庭成员团结起来克服各种困难的心理医生；一位通过电视、广播、播客和社交媒体分享改变人际关系的方法以吸引公众注意力的表演者；一个密切关注那些挣扎于自我、子女教育和家庭纠纷中的人们，并为他们提供真实、有效、通俗易懂的解决方案的人。

我的母亲在我小时候并不知道未来的我会成为怎样的人，但她一直深信我本性善良且独一无二，总有一天我会"改过自新"，为这个社会做贡献……即便当时所有的迹象都指向完全相反的结果。

后来，我的一位高中老师对我说："凯文（Kevin），你知道吗？既然你有这个能力，就应该踏实地做点事情。"

我简直目瞪口呆："**能力？我有能力？**"

那是我第一次意识到，原来自己也可以为这个社会做出独特的贡献。尽管校长、教导主任和大部分老师都在想方设法纠正我到处惹麻烦的行为，但那位老师却一眼看穿了我的本质——一个天生的表演者，一个关心并愿意帮助他人的人。

3个"幼崽"住在同一个巢穴里，但他们的性格截然不同。

其中一个长大了想做一名会计师，一个想当芭蕾舞演员，第3个则想去开越野赛车。但只要你仔细观察，就会发现 3 个不同的梦想已然揭示了他们各自是怎样的人。

> 但只要你仔细观察，就会发现 3 个不同的梦想已然揭示了他们各自是怎样的人。

想当会计师的人一定高度重视细节，做事有条不紊、认真仔细，每一次失败都会在心里记挂很长时间，因为他是一个完美主义者。他对自己的要求非常高，不想让任何人失望，更不想让自己失望。

芭蕾舞演员热爱表演和音乐，喜欢站在聚光灯下，在很小的时候就喜欢不停地旋转，直到把自己转晕。她拥有自由的灵魂，喜欢和别人待在一起，而且非常感性。

越野赛车手常常受肾上腺素的驱使，没有什么是他们不敢干的，没有哪条羊肠小道是他们不敢闯的。他们会做许多冒险的事，只因好奇结果是什么。

综上所述，对待会计师、芭蕾舞演员和越野赛车手绝不可"一视同仁"。无论是现在还是未来，想要帮助每一位孩子取得成功，都首先要确保他们具备最基本的品质，然后再根据每个人独特的性格培养相应的技能。

每个家庭都至少有一个这样的孩子：他会强行获得你更多的关注。可能是只会小声低语让你不得不放下手里的活儿弯下腰倾听，不然根本听不清他在说什么的独生子女；也可能是完全意识不到自己过剩的精力多么让人筋疲力尽，只知道尖声哭号的婴儿；还可能是你们的第一个孩子，这个小"戏精"自打一出生就给家庭氛围定了基调。在喧嚣吵闹之中，排行中间的孩子会发现自己最好的选择就是远离年长和年幼兄弟姐妹之间的交火线，到了不得已的时候就出面当个和事佬，其余的事根本不予理会。

因此，花时间一对一去了解你的每个孩子十分必要。毕竟，想要实现最终目标，仅明确你希望孩子具备怎样的品格还不够，你必须清楚他们是怎样的人。在孩子还小的时候，情况简单得多，因为他们有很多理由想要和你一起出去玩。

当那些叫作"**同龄人**"的"小怪兽"们进入他们的视线，青春期如约而至。一旦"驾照"到手，你再想"追查"孩子们的行踪可就难了。

即便如此，有付出就会有收获。没有什么是比和孩子们共度的时光更珍贵的了，我称那段时光为"黄金时间"。事实上，要想获得黄金时间，你必须花费大量的时间建立4个成功人生的基础：品格、行为、尊重和永不服输的态度。它们将使你和你的孩子都受益终身。在接下来的两个章节中我们将重点探讨这些内容。

作为额外福利，在本书中我会同大家分享莱曼（Leman）博士的"10秒钟解决法"，这些方法针对的都是家长们最关注的问题。在实践中使用这些方法对培养孩子取得成功大有裨益——千万不要将教养子女视为"不可能完成的任务"。

作为父母，教养子女是你的任务，你应选择去接受它。

以下是第一个解决方案。

莱曼博士的 10 秒钟解决法

问题：我女儿总是口无遮拦，我该如何教导她学会尊重别人？

答案：在她顶嘴时，直接走开。等下次她想让你带她去哪儿或者想让你陪她做什么的时候（过不了多久她就会提出这样的请求），你就告诉她自己没空。

如果她问为什么，就告诉她："我不喜欢你今早（或其他时间）对我说话的态度。"

紧接着就到了最困难的阶段，你需要：坚守住自己的立场。无论她怎么发牢骚、有多郁闷，甚至哭泣或者大吵大闹也无法改变你的决定——她就是哪儿都去不了，什么也做不了。她有许多时间来反思自己的行为及其后果，一旦发现妈妈或者爸爸"软硬不吃"，下次她就会改变自己的做法。

至此，事情得到了解决。

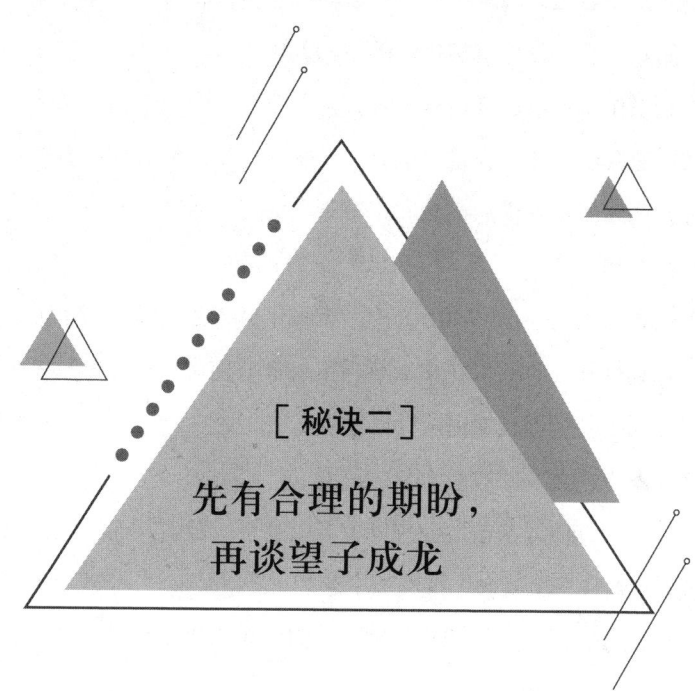

[秘诀二]

先有合理的期盼,
再谈望子成龙

"妈妈工作很忙。"一个4岁的孩子告诉我,"她是我妈妈,是爸爸的妻子,同时还是一名工人。难怪她也会疲倦、会哭泣,有时还会大喊大叫。"显然这个小姑娘拥有超出她真实年龄的智慧。

不管是工作、生活还是教养子女,都需要父母亲力亲为,同时,还有很多其他事情等着我们完成。我自己就有5个孩子,所以能深切体会到教育子女的不易。你会遇到各种各样的挑战和许多有趣的意外事件(好吧,其实大多数意外事件并不有趣)。

首先让我们承认一点:你的其中一个孩子就是要比其他孩子难带。但假如你把4个基础打好(我们将在本章节和下一章节探讨这一内容),不但有助于增加孩子在人生各个领域取得成功的机会,从此刻起,在为人父母这条道路上,你还将卸掉不少压力,并收获丰厚的回报。

在开始分享具体方法前,我想同大家分享一个故事,希望能带给你一些鼓舞和启发。有这样一个女孩,她成长于芝加哥(Chicago)南部,和父亲、母亲、哥哥住在叔祖母家楼上的一间小公寓里。因为家里孩子太多,她的母亲经常开玩笑地说她"有点多余"。

作为一名工薪阶层家庭出身的黑人女孩,她意识到如果自己不展现出一些亮眼的能力,便会早早地被"定性",继而归入"学习成绩不佳"那类人里。身处这样的情况当中,她亲眼见证了父母为生计所付出的努力——残疾的父亲每天穿着计时工服去上班,母亲从来不给自己买衣服。这一切无不激励着她从茫茫人海中逆流而上,最终取得了成功。是她的决心和永不放弃的精神使自己最终战胜了生活困境。这位年轻的女士和她哥哥一样考入了一所常春藤大学,并取得了法学博士学位,毕业后在老家芝加哥的一家大型律师事务所工作。

是什么让她的生活发生了翻天覆地的变化?是父母对她的投资。她曾坦言,父母有没有把孩子放在心上,孩子其实一清二楚。"失败是一种感觉,在它成为现实前就已经存在了。与它产生的脆弱感相伴的是自我怀疑感，随后这些感觉又被恐惧无限放大。"

因为亲眼见证了父母和祖父母两代人面对困境时的不同反应，她意识到：如果一个人内心深处坚信，只要有机会，自己一定会做得更好，那么他对于人生和自己的看法将在很大程度上决定自己的未来。祖父对无法改变自己的社会地位这件事一直耿耿于怀，而父母却专注于体验最充实的人生。例如，只要工作完成得好，就奖励自己一个冰激凌或一份比萨。父母从未让她产生过愧疚之情，他们不认为她应该赚取更多的金钱，或成为更有地位的人。相反，他们给了她可以拥有自己的想法的自由和探索这些想法的空间，只要是她选择去做的事，父母都予以支持，他们唯一的期望就是她能够全力以赴。

"每个孩子都怀抱着希望和乐观的心态降临于世间，无论他们来自哪里，或者人生境遇有多艰难。"她补充道，"其实并不存在什么坏孩子，只存在糟糕的环境。"

"他们认为自己无所不能，因为我们就是这么告诉他们的。因此，我们有义务保持乐观，并以这种态度生活。"

这位年轻的女士就是后来的米歇尔·奥巴马（Michelle Obama）。这位平易近人的美国前第一夫人是美国及海外许多孩子和家庭成员的代表，即便她已经离开了白宫，关于她的那些激励人心的故事依旧影响着各行各业的人们。

与其憧憬虚幻的未来，不如专注于能做的事

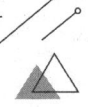

米歇尔的故事鼓舞人心，尤其激励了全世界的父母。米歇尔的父母生活艰难，但他们为人谦逊，努力工作，能为孩子提供基本的生活条件。尽管手中的资源有限，但他们还是竭尽全力释放孩子的潜能，激励孩子们取得成功。

那么，米歇尔的父母在教育子女的方面到底做了哪些正确的事情呢？莱曼博士的看法是：与其憧憬自己**并不拥有的东西**，不如专注于当下自己**能做的事情**。

首先，他们在孩子身上进行投资。通过花时间与孩子相处，米歇尔的父母了解到孩子们的本质。比如，米歇尔是那种有上进心的孩子，会通过观察自己周遭的环境来激励自己，无须旁人督促，自己就很刻苦。

> **与其憧憬自己并不拥有的东西，不如专注于当下自己能做的事情。**

其次，他们勤奋耕耘、充分利用环境条件、永不言弃的行事作风为孩子树立了强大的榜样。努力工作成为家庭传统。无须父母耳提面命，米歇尔自己就会发愤图强，因为她亲眼看到了父母是如何日复一日地努力工作的。

他们从不打感情牌，说什么"看看我们现在为你做的这一切，总有一天你要回报给我们"，更不会用"如果成绩不好，你的人生注定会失败"这类话来威胁孩子。相反，他们专注于自己的工作，因为行动比话语更有说服力。

再次，他们尊重孩子的想法和意见，从不要求孩子必须做什么。无论孩子选择做什么，都允许他们自由地去尝试。

最后，尽管并没有太多钱财或者其他物质基础，但他们对未来一直持有乐观的态度。他们看重的是对未来满怀希望的心态和目前所取得的成就。如果

工作完成得出色，全家人会一起庆祝。

简言之，睿智的父母了解孩子的**品格**，注意自己的**行为**举止，能够以身作则，为孩子们树立好榜样；**尊重**孩子的想法和个性，并展现出一种**永不服输的态度**。正因为父母在这4个基础上构建了亲子关系，米歇尔才会对自己所拥有的一切怀有感恩之心，她的生活幸福、快乐。米歇尔并不执着于获取自己尚未拥有的东西，无论身居芝加哥南部那间小小的公寓还是白宫，她的价值观都没有丝毫动摇。对此，米歇尔曾经解释道："因为定义我们的不是我们所处的环境，而是我们所奉行的**价值观**。"

米歇尔同样鼓励两个即将上大学的女儿"自行去寻找答案，弄清楚自己想要成为怎样的人"。她认为，女儿无须变成自己想让她们成为的样子，这和其他人的看法更没有半点关系。这样的人生信条听上去是不是有点熟悉？你觉得米歇尔是从哪里学会这种教育理念的？

没错，这一切都源自她的父母。他们在日常生活中作为榜样对她产生了很大的影响。

想要让孩子对自己所拥有的一切心怀感激，并且快乐地生活；无论未来去往哪里都会坚守自己的价值观；自己决定自己想要成为怎样的人，而不是由旁人来定义。

如果你想释放上文描述的孩子的潜力，激励他做到这一切，那么，请对孩子抱以最美好的期待吧，你将会收获最甜美的果实。

从今天开始，夯实孩子通往成功人生的4个基础，并在这4个基础上构建亲子关系。

通往成功人生的 4 个基础

基础一：品格

基础二：行为

基础三：尊重

基础四：永不服输的态度

借助生活琐事"磨炼"出优秀的孩子

如果你希望孩子有思想、有礼貌、善良、懂得感恩并尊重他人，首先要把这些目标深深地烙印在脑海里。你的孩子可能还在蹒跚学步，或者已经上了小学、初中、高中，但只要你想，任何时候与他们共同开启一场全新的旅程都不晚。从这一刻起，你仅需将这些美德融入家庭原则中。培养家里的"小魔王"和"大魔王"拥有良好的品格有助于规范他们的行为、构建相互尊重的关系以及建立起永不服输的人生态度。

对于培养孩子的品格，我们具体要怎么做呢？在上一章节里，我们探讨了父母希望孩子具备的 7 种常见的品格：

- 自控力
- 坚韧
- 拥有自我价值观
- 诚实
- 耐心
- 生活平衡
- 善良

想要培养孩子具备上述品格，我们具体该怎么做？

自控力

每当孩子发脾气的时候，大多数父母都会尝试劝说他停下来。"亲爱的，别这样了好吗？"他们会这样哄孩子。或者，他们会这样威胁他："立刻给我停止！"如果孩子不发脾气了，父母还会奖励他吃零食。在短时间内，这些方法可能会让孩子停止自己的行为；但从长远来看，这些方法却无法一直奏效。一旦孩子得到了自己想要的东西，下次还会故态复萌。理解这一点比弄明白火箭科学容易得多吧？

在家吃晚餐时，如果2岁的孩子发脾气，并把食物扔得到处都是，按住他的双手可能只在一顿饭的时间内起作用。其实，我们有更好的办法：无论你当时在和谁谈话，不要停下来，把食物从那个捣蛋鬼坐的高脚椅上拿开，这样他就没有办法再继续进行"泼洒艺术"了。不要和孩子说话，也不要流露出任何沮丧或者生气的神情，冷淡地把孩子和高脚椅一起搬到房间的角落里，不要让他看到你。对于还在蹒跚学步的孩子来说，与妈妈相隔这段距离已经堪比跨越整个宇宙了。

既然孩子哭闹的初衷是引起你的注意，那么，把孩子放到跟自己有一段距离的地方，是帮助他学会控制自己脾气的最佳方式。这些小家伙比你预想的要聪明得多。"噢，**我明白了。如果我在吃晚餐时发脾气、乱扔食物，妈妈就会把我丢在墙角。看不见妈妈的话我会不开心。下次我不能再这么做了。**"所以你看，通过这种教育方式，就算是还在学走路的小孩子也开始懂得控制自己的脾气了。

孩子越早学会自控，意识到延迟享乐是生活的一部分，孩子自身、父母连同身边的其他人就会越早受益。不懂得自控的孩子迟早会成长为"小霸王"，常常欺负别人，自己要当王子或者公主，不管在何时何地、面前的对象是谁，他们想做什么就要做什么。

缺乏自控力注定会造成一场灾难。他们会失去朋友，并且到处树敌。每当他们遇到不顺心的事情时，处理起来总会觉得非常棘手，还会搞砸一份又一份工作。

如果你8岁的孩子因为觉得好玩骑自行车碾坏了邻居种的花，请立刻让他品尝到"后果"。比如，不要去参加棒球赛了。他必须走到邻居家门口（当然你要跟在他身后）为自己的行为当面向邻居道歉。他要面对的是邻居的怒火，不是你的。当然，如果事先和邻居打电话通个气，告诉对方你准备给孩子上一堂重要的人生课程，请他们帮忙演场戏，效果会更好，就算脾气再差的邻居也会欣然同意的。

随后，让儿子回到家，掏空自己的存钱罐，和你一起去买新的花——本来那些钱是他打算买滑板用的。在接下来的时间里，他要先把被碾烂的花统统从土里挖出来，再栽种上新买的花，最后把院子打扫干净。周末时光转瞬即逝，原本计划好的活动全部泡汤。孩子显然不太高兴，但他永远不会忘记这堂课。我保证，下次他骑自行车的时候一定会离那些花远远的，还会警告自己的小伙伴也离那里远点。

如果你15岁的儿子一气之下用拳头打穿了家里的石板墙面，先让他回到卧室里冷静下来，但限制他哪里都不许去。告诉他修补石板墙面要花多少钱，这些费用都要从他的零用钱和他给院子除草（他从12岁开始干这个活儿）赚的钱里扣。如果他尝试用填充物、砂纸和涂料自己修补墙面的话，效果就更好了。虽然技术可能不尽如人意，但每次从走廊里路过这里时——相信我，他一定会看到墙面上的瑕疵，而那次事件带来的后果也会一直提醒他不要再失控。

这个方法很简单吧？让事情本身的后果来教训孩子，而不是你的大声训斥，这样，你还能省省力气。

坚韧

要想让孩子在面对困境时不轻言放弃，我们得一步一步来。

孩子因为自然科学考试的成绩不好而感到沮丧。"我再也不想学自然科学了，我太笨了。"他说。

你坐在他旁边安慰道："嘿，我上学那会儿也觉得自然科学很难，好几次考试成绩我都不满意。但你知道吗？我相信你。"

莱曼博士的 10 秒钟解决法

问题：我 4 岁的女儿经常发脾气。我该如何让她停止发脾气？在家的时候，我可能只是觉得她很吵闹，但如果在商店等公共场合，我会觉得非常尴尬。我们住的镇子不大，现在的情况使我都不想去杂货店了。

答案：抬起头，从那个四脚朝天在走廊里撒泼打滚的孩子身边目不斜视地走过。然后快速走到角落里，离开这个小家伙的视线，但确保你还能看到她。

短暂的震惊过后，她意识到你消失在她的视线中。她会立刻朝着你"消失"的拐角跑过去，嘴里喊着："妈妈，对不起。我不是故意的。我爱你。"在很长的一段时间内她都不敢再这样发脾气了。

如果她继续发脾气，重复上述行为，你要强调自己对于这种行为有新的处理方式。

如果商店里刚好有另一位相熟的家长，他会从你的应对方法中获得一些启发，觉得你简直聪明绝顶，甚至他可能也会尝试这种方法。

"我知道只要你坚持下去，一定会克服一切困难，就连背诵元素周期表也不在话下。没有什么能让你灰心丧气，你过去就是这样……"你告诉他曾经有一两次因为他没有放弃，事情最终"柳暗花明"了。

但要注意的是，不要给孩子错误的希望，比如，说他会在不擅长的科目上取得优异的成绩。你的话语是为了给予他力量，让他全力以赴，因为你相信他会竭尽所能做到最好。他或许成不了下一个爱因斯坦，但至少不会再成为班级里的倒数几名。

如果你 4 岁的孩子玩完玩具后收拾到一半就放弃了，请你温柔地指出这一点："我看到你已经收拾好了一半的玩具，谢谢你，请继续把另外一半也收拾好，我来准备晚餐。毕竟，你可是安德生（Anderson）家族的一员，我们家族的人做事从来不半途而废。"

你刚高考完的孩子到了要填志愿的时候，对于选择学校、选择专业，她都是第一次经历，择校的压力压得她喘不过气来，根本不知道从哪里入手。你没有替她做决定，而是告诉她："先从了解一所学校开始，把它的优点和缺点都列出来。然后，如果你认为自己对这所学校的了解已经足够了，就先把它放到一边，继续研究下一所学校。只要你集中精力了解每所学校，坚持下去，你就一定能完成这件事。你一向都是如此。还记得你小时候……"你提起她第一次做生意的事，彼时她的柠檬水摊位连续3天一分钱都没有赚到，但她没有放弃，把整个假期的时间都花在了上面。结果，等到快开学时她足足赚了600多元。

适时采取这类简单但有效的方法，有助于培养孩子坚韧的品格，坚持完成眼下的任务。孩子会想："**好吧，这确实很困难，但妈妈/爸爸说得对，以前我遇到困难的时候也会继续坚持下去，最后我也完成了任务。这次也不例外。**"

在遇到困难时，很多人会选择放弃。但如果你教导孩子做事要持之以恒，他们一定能从人群中脱颖而出。

莱曼博士的 10 秒解决法

问题：我大女儿的各科成绩都很优异，可她妹妹只有体育成绩好，其他科目刚刚及格，甚至成绩还在下滑。我该如何激励她向姐姐学习？

答案：她永远不会像她姐姐那样，因为她不是她姐姐。坦然地接受这一点，你们心里都会舒服不少。在面对自己优秀的姐姐时，你知道她在想些什么吗？"这世上根本不存在什么办法使我在与她的竞争中胜出。她已经把'完美'体现得淋漓尽致，所以我要'背道而驰'，选择一条属于我自己的道路。也许到了那时候爸爸妈妈才会意识到，我是我，而不是她。"

如果你女儿不想做一件事，你怎么引导她都没有用。但你可以去了解她是什么样的人，欣赏她身上独一无二的品质。先尝试着说："亲爱的，我今天早上还在想，你身上真的有许多非常优秀的品质。"

这时候你已经完全吸引了她的注意力。因为成绩太差，她原本已经做好了接受批评的准备，但你却夸奖了她！很好，现在你说什么她都会听的。

"首先，你非常善良。还记得在一个雨天，你拯救了一只被遗弃在纸箱里的小猫。你总是乐于助人，埃利斯（Ellis）先生伤到后背，你会帮他取信和打扫院子里的落叶。还有许多类似的事情，你的品质让你与众不同。

"你和你姐姐不一样，但你们之间存在这种不同其实是一件好事。你姐姐非常优秀，但有时候可能表现得太夸张了，对吧？我不希望你像她一样，因为你不是她。你就是你，我爱你原本的样子。"

类似的话语对于化解兄弟姐妹之间任何的竞争都有奇效。孩子一旦发觉自己的努力被人欣赏，无论再做什么事情，哪怕是自己不擅长的，他们都会更加刻苦。

拥有自我价值观

"我不知道这是怎么回事，"一位母亲对我说，"我女儿的自尊心特别脆弱，非常缺乏安全感，以至于无法正常上学。我曾尝试开车送她去学校，但最后我还是带她回了家。"

那女孩只有4岁，她母亲说的是她上幼儿园的事情。孩童对惯例情有独钟，而上学可以说是对她生活习惯的一种颠覆。此外，她是独生女，父母每天都要工作很长时间，只有奶奶照看她，因此她几乎没有和其他同龄小朋友接触的机会。她怎么会渴望去一个满是跑来跑去的同龄孩子的吵闹的地方呢？甚至还有一两个她不认识的成年人。换成是我，我也不会想去的。

但这和自尊心其实没什么关系。每当有家长同我谈及他们的孩子"缺乏安全感"的时候，他们大多忽略了一些关键问题。

首先，不安全感的源头其实是对自我过于关注。如果你缺乏安全感，你会觉得房间里的每个人好像都在盯着你看，你根本没办法往前走。但其实，你只看到了自己，忽视了同一条船上的其他人，他们也在为同样的问题而挣扎，根本无暇顾及其他人或事。你暂时还意识不到这些问题，因为你认为所有事情都是围绕着自己发生的，所有糟糕的情况也都直接针对自己。

其次，"自尊"这个概念实际上被高估和误解了，许多心理医生因此忙得团团转。

拥有健康心态的儿童的特征

- 他们有能力，并且负责任。
- 他们对自己和自己所扮演的角色有信心，但并不自大。
- 他们在照顾好自己的同时，对他人的需求也十分敏感。
- 相较于索取，他们更看重给予。
- 他们总是尽力做到最好，但并不执着于追求完美。

我已经记不清多少家长曾对我说："博士，我担心孩子会产生自卑心理。"各位家长请注意，自尊是建立在你对各种情形的感受和反应的基础上的，会根据你每天的情绪和对具体事件所持的立场而改变。

但自我价值观则是截然不同的概念：个体意识到自己在世界上是独一无二的，在宇宙中所处的位置也是独一无二的。自我价值观是持久的，对自己不利的情形并不会改变你对自己的看法。哪怕跌倒了，你也可以再次站起身来，拍拍身上的尘土，继续向前走。本章节中探讨的这些积极向上的品格正是打造真正自我价值观的基石。

最后，治疗缺乏安全感或傲慢自大（专注于自我的另一种表现）的一味"特效药"是接触比自己的境遇更糟糕的人。比如那些身处一条因为漏水而迅速下沉的船的人，甚至是早已随船沉落湖底的人。我的 5 个孩子在家时，不仅会陪我一起去给有需要的家庭送生活物资，还会花时间了解他们每一个人，与他们进行交流。这只是我们众多家庭活动中的一项，目的是给孩子们灌输"应平等地对待他人，因为他们也很重要"的道理。

诚实

孩子的诚实有时候会令人感到尴尬。下面是两个发生在实际生活中的例子。

珍妮（Jenny）4岁的儿子和她一起去了她的办公室，因为负责照看儿子的日托工生病了。当她正在给下属下指令的时候，儿子冲到她身后，把手伸进了她的裤兜里。"妈妈！"他的声音大到仿佛响彻了全宇宙，"你衣服里是塞了个枕头吗？软趴趴的。"

当珍妮利用午休时间翻遍了所有她能找到的减肥食谱后，她提醒儿子：有时候最好不要把脑袋里的想法全部说出来。

梅拉尼（Melanie）被学校老师打来的一通电话叫去"咨询"有关她6岁孩子的事情。

"你丈夫的情况，我感到很抱歉！"副校长对她说道，"我们希望你知道，在这样一个困难的时刻，学校会一直支持你和你的女儿。"

梅拉尼大吃一惊道："我丈夫？我丈夫怎么了？"

副校长缓缓答道："我们了解到，他这个星期被监禁了。你女儿告诉我们了。"

将事情理清之后，梅拉尼总算没那么惊讶了。原来一年级老师问女儿，她爸爸是做什么的，小家伙回答："他星期五就要去监狱了。"

梅拉尼赶紧向副校长澄清，星期五晚上她丈夫要去监狱担任志愿牧师，而不是去坐牢。接着两人大笑不止。

诚实的孩子有时候让人觉得很棘手。他们看到什么或者听到什么都会讲出来，往往还选在最不恰当的时机表达想法。所以，如果孩子接了别人打给你的电话，告诉你对方是谁、找你有什么事情，你最好立刻亲自去接听。不然孩子多半会说："我妈妈不想和你说话，再见吧。"然后把电话挂断。孩子天真的话语可能会使你的人际关系受损。孩子通常会直截了当地说出自己的感受和经历，直到他们被教导不要这样做。如果你和你的伴侣意见不合，碰巧让孩子听到了，别惊讶，她马上就会将这件事告诉朋友或者老师。

诚实无疑是一种美德，但需要与洞察力相配合。如果你的孩子趁朋友不注意"借"走了他的玩具，你要问孩子："这是你的玩具吗？"如果孩子说不是，你就告诉他："那么你需要把它还给你的朋友。如果玩具丢了他会伤心的。"你也不用一直等待他的回应，照常出门即可。孩子很快就会亲自把玩具还给朋友。你也可以站在他身后，但不要进行干涉，他道完歉就会把玩具还回去了。

如果你一直采用类似的教育方法，等到孩子在18岁不小心撞坏了家里的车时，他会走到你跟前向你坦白："爸爸，我把车撞坏了，是我的错。拐弯的时候我开得太快了，对邮筒的位置判断有误。"孩子不会推卸责任，不会说："都是我朋友的错，他们在车里太吵了，分散了我的注意力。"他会言明真相，然后为此负责。

培养诚实的品格是从一点一滴的小事开始的。要想让孩子成为一个诚实的人，你首先要坦诚地面对一切。

电话响了，你的孩子接了起来，你眼下并不想和来电的人说话。你是告诉孩子"和他说我没在家"，还是对孩子道谢，然后接过电话，尽可能地长话短说？

耐心

在2007年上映的电影《冒牌天神2》（*Evan Almighty II*）中，演员摩根·弗里曼（Morgan Freeman）有一段经典台词："如果有人祈求拥有耐心，你觉得上天是会给他们片刻的耐心，还是给他们培养耐心的机会？"

可以肯定的是，作为父母我们有很多培养自己的耐心的机会，培养孩子的耐心也是如此。但问题在于，有时候家长的不耐烦会错失让孩子培养耐心的机会。

母亲常跟我说："好事多磨。"在我长大后，我愈发觉得她的话非常有道理。在如今这个快餐式社会，耐心是一种非常重要的品质。有一次，我看见一个大学生站在微波炉旁抱怨："为什么加热食物要这么久？我还有事情要做呢。"

我们应该如何教导孩子要有耐心？

首先，你不能像阿拉丁神灯那样满足孩子的每一个愿望。如果你的儿子想立刻网购一款新的电脑游戏,注重培养耐心这一优良品质的父母会说:"和我讲讲这款游戏。"在他滔滔不绝地列举出所有值得拥有它的理由之后,你对他说:"哇,听起来这款游戏非常值得期待。还有5个月就到你的生日了,从现在起把零花钱存起来,到时候再加上爷爷给你的生日红包,应该够买那款游戏了。我们会帮你支付税费和邮费。"等到他生日那天,那件"立刻想要拥有"的东西多半已经变了好几回了。

其次,留意孩子每次表现出拥有耐心的时刻,并对他的行为加以鼓励。"我发现你昨天对妹妹很有耐心。妹妹穿衣服很慢,而你想快点出门去公园,但你没有生她的气,而是帮妹妹把鞋子和外套拿到了门外,省得她花时间再去找,然后你在旁边耐心地等待。这一幕令人印象深刻。"你捏了捏孩子的肩膀,"今天中午你也帮了大忙。"

最后,通过展现把目光放长远对未来有好处这件事来鼓励孩子培养耐心。"我知道等待考取驾照资格的日子很难熬。虽然你比班上的同学都小,但你可以和他们一样,从现在开始学习交通规则,等到你可以考驾照的时候,你的准备无疑会比别人更加充分。"

培养耐心是很难的,因为意外事件的发生太容易令你措手不及,但拥有耐心是通往成功的必备素质。当你失去耐心,你就失去了冷静,短视行为将占据上风,本能反应代替了谨慎应对。而当你具备了足够的耐心,你会以更广阔的视野看待所有的突发情况,能保持冷静并采取相应行动。

生活平衡

生活其实处于一种微妙的平衡中。一方面,我们可以做自己喜欢的、让自己感到兴奋的事情。另一方面,我们有时不得不做一些自己不喜欢的事情,比如打扫厕所;或者一些令我们感到无聊的事情,比如倒垃圾。但这些都是我们必须要做的事。

如果孩子被告知世界就像迪士尼乐园一样有趣,那么他们注定会失望。一旦孩子发觉真实的人生并非一场不间断的主题乐园之旅,他们就会觉得不公平，觉得自己做错了什么，甚至认为其他人会伤害自己。但如果孩子能够一边履行自己的责任，例如按时完成家务和作业，一边享受生活，例如和亲朋好友共度愉快的时光，他们就能学会平衡理想和现实。

> 如果孩子被告知世界就像迪士尼乐园一样有趣，那么他们注定会失望。

他们会成为对工作尽心尽力的职场人。他们按时回家吃晚餐，拥抱自己的伴侣，主动和孩子沟通。星期六的早上，他们会约朋友一起慢跑，这既可以彼此沟通感情，也有助于保持身体健康。之后回家给孩子烤制小动物形状的饼干，趁这段时间让伴侣好好休息一会儿。这样的家庭氛围充满了爱和欢乐，孩子会邀请朋友来家里玩，而不是去其他地方娱乐。

那么，我们要如何打造这种平衡？方法很简单：除非 A 已经完成了，否则 B 不会发生。这是什么意思呢？

举个例子，你跟你的 4 个孩子说："我知道明天是星期六，是你们的休息日，但现在家里已经乱成一团了。让家保持干净整洁是我们每位家庭成员的责任，所以大家应该一起把屋子收拾干净。我要求你们每个人不仅要打扫自己的卧室，还要花 1 个小时整理房子的其他区域或者车库。我不管你们什么时候开始，只要在明天晚上 10 点之前完成就行。星期日我会点大家最喜欢的中餐外卖，作为大家努力工作的奖励。"

星期六早上 6 点，你的大女儿已经起床收拾卧室了。当你的二儿子一只脚刚伸出床外时，大女儿已经把厨房打扫得一尘不染了。做完这些她回到卧室，接下来的一整天她要按计划学习微积分。

看了会儿动画片后，热衷于户外运动的二儿子冲去了车库。他打开门，一边哼着自己最喜欢的歌，一边清扫落叶，清理窗户上的蜘蛛网。朋友们来家里找他玩，他索性把小伙伴拉来一起干活。这帮小伙子将车库大扫除变成了一场即兴的街区派对，几个人玩得特别开心。

等三儿子睡醒时已经过了午餐时间。当他起床时，整个房子悄无声息。他耸了耸肩，径直去街区那边的停车场打棒球了。

与此同时，你的小女儿正忙着融入二哥的车库派对呢。她对聚光灯情有独钟，和年长的男孩子一起玩可比收拾卧室有意思多了。她确实曾尝试打扫卧室，不过仅仅坚持了大约5分钟，因为屋子外面的音乐和活动实在太诱人了。

而你，这位睿智的家长，不要进行任何提醒，只需等待和观察。大女儿已经完成了她的任务，极富创造力的二儿子想到了绝妙的主意，使任务和社交两不误。

那么，三儿子和小女儿呢？三儿子在朋友家吃的晚餐，一直等到晚上9点才晃晃悠悠地回家，甚至忘了提前和你说一声。他累坏了，进门就瘫在正在看电影的父亲坐着的沙发上。晚上11点，他从沙发上起身，回房睡觉。

小女儿曾试着打扫自己的卧室，很显然，打扫的效果并不明显，成堆的杂物仿佛只是换了个排列方式而已。除了自己的卧室，房子里的其他东西她连碰都没碰过。

到了周日，你点了你和伴侣还有大女儿、二儿子最喜欢的中餐。外卖送到的时候，那让人垂涎欲滴的香味把几个孩子都吸引了过来。

"等等，"你举起一只手道，"记得我星期五的时候吩咐过你们什么吗？我让你们每个人在星期六晚上10点之前把自己的卧室打扫干净，然后再花1个小时收拾房子的其他区域和车库，没错吧？"

大女儿和二儿子狠狠地点了点头，三儿子和小女儿则停下了手中的动作。三儿子皱了皱眉，仿佛才想起来有这么一回事，小女儿则是一脸困惑。

"如果你完成了我交代的任务，那么就开始享用你的大餐吧。"你继续道，"如果没有，那就请自己随便做点午餐，然后好好享受吧。"

三儿子和小女儿听完后目瞪口呆。他们尝试说了一切能让你感到愧疚的话——"但这不公平""你对我们太刻薄了"，他们边说边哭。

但你不为所动。你们4个人享用着美味的菜肴，而他们两个则一脸悲愤地盯着食品柜里的花生酱，随即为争夺冰箱里最后一点果冻和面包大打出手。

等下次再要求孩子们打扫卫生的时候，你不觉得他们会有和上次截然不同反应吗？因为他们清楚地意识到，你说话算话，并会付诸行动。

两个大一点的孩子，因为按照要求做事而得到了奖励。

完全把家务活忘记了的三儿子如今也明白了协调时间的重要性，以及要在玩耍和履行责任之间找到平衡。

小女儿则大为震惊，原来自己分心去玩耍而没有完成任务时并没有人为她善后。下次她就会主动干活并努力完成任务，毕竟她最讨厌的就是被排除在派对之外了。

这堂课将深深地烙印在4个孩子的脑海中，并对他们在未来做出的选择产生影响。

善良

与人为善的品质并不是与生俱来的，降生于世间的婴儿无不以自我为中心，时刻寻求关注。无论是饿了、尿床了、热了、冷了还是有人在他们的尿布上乱涂乱画，他们都会"哇哇"大哭。他们还会咬弟弟妹妹，只因嫉妒这些新来的"麻烦精"占据了妈妈太多的时间。待这些孩子再长大一些，他们便成了被宠坏的"捣蛋鬼"，叫嚷着"妈妈！他打我！"仿佛他们的日常生活就是找兄弟姐妹的麻烦。

随即，青春期如约而至，孩子的情绪开始发生剧烈波动。十几岁的孩子无一不陷入过度关注自我的处境，而这种"一切都要以我为中心"的想法所招致的痛苦也达到了顶峰。或许有的孩子在早晨醒来后发现脸上长了颗青春痘，被人取笑为"比萨脸"，各种嘲讽随之而来。倘若同学、朋友间能够保持善良，一时的小缺陷就会被掩盖。

在这个充满竞争的世界里，善良是人性必不可少的组成部分，维系着世界的正常运转。

想想那些你熟知的成功人士，特别是对你影响颇深的人。你关注他们是因为这些人曾与你同台竞技，还是他们只专注于自我？不，是因为他们的善良，这一美德促使他们做出了让你无法忘怀的特殊举动。在你脆弱的时候，在你需要勇气的时候，在你想被激励的时候，他们向你伸出了援手。他们鼓励你，拍拍你的肩膀，为你挺身而出。

那么，我们又该如何教导孩子要保持善良？你不能只简单地告诉他："要善待他人。"而是要向他展现善良的样子。如果有人冒犯你，你会本能地认为他们是故意的，还是先礼貌、冷静地回应，并给他们解释的机会？

莱曼博士的 10 秒钟解决法

问题：我们家的家教观念是"人人为我，我为人人"。可如今我孩子信奉的理论更像是"人人为我，我为我自己"。我该如何扭转他们的这种想法，至少让他们学会帮助家人，比如收拾厨房？

答案：在这个家庭里，每个人都要出力，没有谁可以置身事外。你是家长，不是女仆和受气包，而你的孩子则需要一个"叫醒电话"来帮自己认识到这一点。

是时候运用"仅限面包和水"策略了——等下次孩子再要求你做什么，告诉他们："当然，你可以拿那个东西 / 做那件事，但你要自己动手去拿 / 做。"

"但你一直……"他们当然会抱怨。

"是的，以前我确实会帮你，"你冷静地答道，"但从现在起，我要忙我自己的事情了。你自己处理好自己的事情。"

在脑海里记录下这一刻孩子困惑的表情，稍后再细细品味。一旦孩子发现你真的不打算帮忙，他们就会使出"如何说服妈妈和爸爸"剧本里的每一种招数。当然，无论是争辩还是恳求，这些手段统统没有用，因为你比他们聪明多了。

几天后，孩子们发现生活再也不同以往——他们最喜欢的衬衫没人洗；柜子里或者冰箱里有什么晚餐就吃什么，并且食物很快就要过期；再也没有"小精灵"帮他们收拾屋子、帮他们找到那只被狗叼到沙发底下的袜子了——这时候，他们就要认真地问你了："唔，你还好吗？我的意思是……"

而你已经满心欢喜地期待回答这个问题很久了："噢，我吗？我很好啊，从来没有感觉这么舒服过。我决定不再像以前那样做这个家里的用人了。要么我们互相帮助，一起把活儿都干完，要么各自负责各自的三餐和卫生。"

一切都将重新开始。

如果你11岁的儿子像一个炸雷似的冲进屋子，你是会说："你怎么回事？别做出那副表情。"还是让这个"炸雷"尽情地炸裂、宣泄，等过一会儿，你再温和地开口道："你今天看上去过得很辛苦，如果你想倾诉的话，我随时愿意听。"不要步步紧逼，走开去做你自己的事情，他准备好了自然会来找你。

如果你不同意14岁女儿的观点，你是会当着大家的面和她对峙，还是会在私下里与她进行一场彼此尊重的对话？

如果你的孩子正沉浸于宠物死亡的悲伤中，你会说："你该走出来了，已经过去一个星期了，生活还是要继续的。"还是柔声安慰道："我知道这段时间你很难过，如果你需要找人陪你说说话，我一直都在。"

善良催生善良。如果在家庭中经常强调善良的重要性，那么日常生活里的小打小闹就不会上升为不可调和的矛盾。打个比方，如果你十几岁的女儿在未经姐姐允许的情况下穿了姐姐的毛衣，不仅弄脏了衣领还忘记把它洗干净。这就是教她如何完美地解决类似的事情，还不伤害姐妹感情的好时机。

正面对峙肯定解决不了问题，还有可能进一步激化矛盾，甚至引发一场针锋相对的报复。建议姐姐体贴地对妹妹说："噢，对了，我看到我那件红色的毛衣上有一块污渍。如果你正好穿过那件毛衣，我希望你能把它清洗干净，谢谢。"不要一味地指责对方，更有效的手段是提出解决办法，这对于维系家庭平衡大有裨益。

培养孩子善良的品格要从父母做起，父母处事的方式会直接影响孩子。我的一位老朋友经常说："哪怕因善良犯一点小错，也不要因恶铸成大错。"

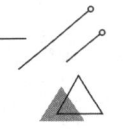

如何为孩子量身制订品格培养策略？

现在，回过头再看本书在秘诀二中所探讨的所有父母期望孩子具备的各项品格特征，逐一问自己以下问题：

1. 为什么我认为这项品格十分重要？是因为我看重这项品格，还是因为缺少这项品格会给我的孩子带来麻烦，抑或出于其他原因？
2. 如果我的孩子现在具备了这项品格，那么，5 年之后他们的生活会发生怎样的变化？
3. 这个星期我可以说一些什么话或做一件什么事情来培养孩子的这项品格？
4. 通过观察孩子，我如何以身作则，更好地培养孩子的这项品格？

破解孩子的行为密码

想知道关于行为的最惊人的秘密是什么吗？那就是只有看见了效果才能继续。

是的，你没看错，无论是多大年龄的孩子，只有在得到了自己想要的东西之后，他们才会继续做自己正在做的事。

如果刚学会走路的孩子只有得到自己想要的零食才能安静下来，说明这种行为奏效了。

如果刚上幼儿园的孩子在校门口用腿圈住妈妈的身体不让她离开，激起母亲的内疚之情从而把他带回家，说明这种行为奏效了。

如果小学生缠着爸爸并说服他帮自己写自然科学的作业，说明这种行为奏效了。

如果青春期的孩子对母亲出言不逊，第二天却被允许参加足球比赛，说明这种行为奏效了。

如果两姐妹吵架并打断了父亲居家办公时的工作通话，她俩还能和全家人一起去餐馆吃晚餐，说明这种行为奏效了。

如果十几岁的孩子连续3天因为睡过头上学迟到，母亲还帮他编造"合适"的理由，说明这种行为奏效了。

> 想知道关于行为的最惊人的秘密是什么吗？那就是只有看见了效果才能继续。

孩子都是"操控大师"，他们懂得如何构建一种行为模式，懂得如何"套路"父母。

孩子只有在知晓自己的行为能起作用后才会故技重演。你可以利用这个条件来培养孩子具备得体的举止。只要你能以身作则，孩子凭借自己的所见所闻就会给予你相应的回应。如果你的期望是合理的，孩子们就会听从你的安排，整个家庭因此发生的改变一定会令你大吃一惊。

对孩子寄予厚望

如果你预想了最坏的情况，那么就得面对最糟糕的结果。对孩子说："如果你做了……"接着说些威胁他的话，这样根本控制不了他，甚至还会激起孩子们的逆反心理，让他打定主意跟你对着干。毕竟对于好奇心旺盛的孩子来说，这种行为十分令人上瘾。

他心里会想："让我来看看妈妈 / 爸爸是不是真的说话算数。"

一旦疲惫不堪、心烦意乱或者尝试和孩子做朋友的父母未能遵守自己的"承诺"，孩子就会得意地想："啊哈！我知道她 / 他的套路了。我可以不用做那些我讨厌的事情，只要稍微等一会儿，直到话题被转移，我就可以去做我自己的事情了。就算她 / 他发现我没听话，我也不会受什么惩罚……至少不会被罚得很厉害。就像她 / 他每次都让我禁足，但最后总会让步的。每次都是这样，我已经明白这是怎么回事了。"

假如你不认为孩子能这么聪明，去本地的商店看看吧，留意家长和孩子之间的互动，你会发现哪怕年仅 3 岁的孩子也熟悉这一套流程。

"妈妈，我想要那个。"天使般的孩子指着自己想要的东西说。

"这次不行，"母亲坚决地反对道，"家里已经有很多零食了。"

"可是，妈妈，我想要那个。"孩子一边重复着自己的要求，一边朝零食伸出手。

母亲随即推着购物车远离零食货架。

孩子抱怨道："可是每次逛商店时，你都会给我买东西。"

母亲推着购物车带着孩子走向另一排货架，孩子看着自己的"战利品"逐渐消失在视线中，接着开始号啕大哭。

"安静！"母亲一边观察其他顾客的反应一边说，"我说了，今天不买。"

然而，在孩子持续不断的吵闹声中，大约只过了3分钟，购物车不知何故又奇迹般地转向零食货架。最终，孩子得偿所愿。

这招对孩子来说是不是屡试不爽？你也对此感到很惊讶吧！

但我们不妨想一想，如果那位母亲早在去商店之前就对孩子说："我很高兴你愿意陪我一起去商店，因为我喜欢和你一起做这件事。每次去商店，你都会表现得像个大男孩，从不无理取闹，每次带你去商店我都会很开心。"

那么，随后在商店里出现的很可能就是另一番景象了。

孩子最渴望的事情就是让父母开心，你是他们的最佳观众。他和兄弟姐妹们上演如此多的"剧情"，只为吸引你的注意力。

在养育子女的过程中，如果让孩子认为自己就是宇宙的中心，那么，当他们依此想法行事时，请不要感到惊讶。而如果教导孩子世上的每一个人都是平等的、独一无二的个体，那么他就会时刻以这一理念为行为准则。

> 在养育子女的过程中，如果让孩子认为自己就是宇宙的中心，那么，当他们依此想法行事时，请不要感到惊讶。

对孩子寄予厚望会使他发生巨大的改变。不妨亲自尝试一下，看看结果如何。

父母的反应是孩子的言行模板

大多数人认为绵羊是很笨的动物，但喜爱绵羊的人和一些科研人员可能会持不同意见。当你假扮成牧羊人的时候，就是用真正牧羊人的电子录音来代替你说话，羊群也根本不会听你的。它们会盯着假冒的牧羊人观察一会儿，随即便无视他，继续吃草。

孩子因为缺乏生活经验，有时看起来就像绵羊一样笨。不然你怎么解释他们会把自己的舌头冻在铁栏杆上，会一脚踩进刚浇好水泥的人行道里，还会把餐盘里的土豆泥往爸爸身上扔,并觉得爸爸追不上自己?

但这些孩子却拥有一种不可思议的能力——能迅速发现"冒牌货"。如果你要求他们做什么事情,自己却没做到,他们凭什么要听你的?

有鉴于此,要想让优良的品格深深根植于"小魔王"和"大魔王"心中,你首先要坚持践行它们,仅依靠告诉孩子应该具有什么样的品格收效甚微。拉尔夫·沃尔多·埃默森(Ralph Waldo Emerson)有一句名言:"一句话也不用说,你的为人自然会'监督'你,然后大声宣告事实,我根本听不到你说的那些与你的行为相反的话。"换句话说,你的所作所为已经再明显不过,别人根本不用听你嘴上说了什么。

所以,下一次再想"立规矩"的时候,确保自己也会完全遵守自己立的规矩。

如果你想让女儿积极完成作业,那么你要先把自己在两个星期前应该收拾好的衣柜整理完毕。

如果你想让儿子多为他人着想,你自己首先要做到这一点。孩子即将迎来一场大考,写一张内容为"你一定能取得好成绩"的便条,再在上面画一个笑脸,把它悄悄塞进他的背包里,当作一个给孩子的惊喜;邻居家的奶奶受伤住了医院,没人照顾一个人在家的孙女,记得给小女孩送些饭或者把她接到你家住几天,让奶奶安心养病。

如果你想培养出更有耐心的女儿,就要以身作则。因为一点小事就勃然大怒可教不会孩子控制自己愤怒的情绪。每当情绪即将爆发的时候,有节奏地数5个数,冷静下来后再开口:"好吧,我也没有想到会发生这种事,我得再想个办法来解决。"这才是教导孩子更有耐心、保持平和心态的生动的一课。

孩子最擅长模仿,你说过的话很可能再次从他们的嘴巴里冒出来。你的所作所为将会成为他们行动的模板。

考虑孩子的想法和感受

在一次研讨会上,一对40多岁的夫妻向我倾诉,他们要孩子的时间比较晚,是在两人的事业都稳定了以后才决定要孩子的。所以,鉴于夫妻俩的情况,他们希望儿子能够更加认真地对待自己的未来。我问他们这具体是怎么一回事，他们告诉我，每天放学后，孩子简直是在"挥霍"时间，每天都在吃过晚饭后才开始写作业。他们原本看中了一所周末学院，打算让儿子利用周末时间多学一门语言，可他并不愿意去，只想和朋友们待在一起。

"早晚有一天，他需要具备足够的能力去竞争那些有发展前途的职位，"他父亲向我解释道，"所以眼下他必须取得最好的成绩，如果他的平均绩点达到3.8分，就能去最好的高中上学。等上了高中，在周末学习一门外语，并且平均绩点达到4.0分，再加上他在体育方面的特长，申请常春藤大学就胜券在握。"

那个孩子只有13岁，父母就已经把他的人生规划好了，你觉得这样合理吗？如果你是那个孩子，关于自己未来的职业和要做的事，难道你不想参与讨论吗？

让孩子过你想过的生活对他来说并不公平。回首过往，孩童时代的你难道不讨厌父母插手自己的事情吗？而你为什么要以同样的方式控制孩子的人生呢？

父母的出发点当然都是好的，但我们在培养孩子成为佼佼者的过程中，并没有给他们机会让他们尝试依照自己的喜好生活。诚然，他们可能会遭遇失败，但也有可能会取得成功。无论失败还是成功，都是属于他们自己的经历。

除此之外，你的期盼有没有真正被孩子放在心里，取决于你的表达方式。父母经常像站在珠穆朗玛峰的山顶上，高高在上地发号施令："听着，现在……"

每当你持这种态度要求孩子的时候，孩子会立刻堵住耳朵。换位思考一下，如果有人完全不考虑你的想法和感受，二话不说，直接宣布你应该做什么、你要做什么，然后告诉你必须遵从他的要求，你会开心吗？

孩子当然不会喜欢你以这种方式要求自己，无论他们的年龄多大。孩子和你一样，他们也是人，他们也有自己的想法和梦想。

鼓励孩子参与实践活动

要想让孩子朝着你所期盼的方向成长，在年龄合适的前提下，多鼓励他参与实践活动，这样，孩子会更容易听你的话。

打个比方。假设你有 3 个孩子，你该如何鼓励他们通过实践得出结论，而不只是根据你的说教进行思考？

第一个孩子：你最小的孩子今年 6 岁。她非常想养一只小狗，正努力地说服你们。你让她列一张清单，写下照顾小狗需要做的事情。清单列完后，你坐下来针对清单内容一条一条地和她讨论。首先，你要表扬她的想法，然后循序渐进地引入其他问题，例如："你觉得我们应该给小狗吃什么？这些食物从哪里来？要花多少钱？"

> 要想让孩子朝着你所期盼的方向成长，在年龄合适的前提下，多鼓励他们参与实践活动，这样，孩子会更容易听你的话。

让她去了解更多的信息，弄清楚自己喜欢的那种狗每个星期要吃多少东西，购买食物又要花多少钱。别忘了让她数数自己存了多少零花钱，然后再算算这些钱能买多少狗粮。别忘了让她制作一张日程表，写清楚每天什么时间喂狗和遛狗。

完成这些步骤之后，你微笑着对她说："我们先尝试执行这个方案几个星期，就用你的毛绒玩具来代替小狗。你想用哪一个玩具？你还可以找些东西，把它们当作狗粮、水和狗粮碗，还需要找到一根牵引绳，接着把你每天要花在小狗身上的钱单独放进一个盒子里。这一切都由你说了算。那么，现在给小狗起个名字吧？"

一开始，女儿像对待一只真正的小狗那样照顾她的毛绒玩具。如果早上忘记喂狗了，等她回到家，就会发现小狗侧躺在空空的狗粮碗旁边。

"我猜你的小狗可能不太舒服。它一定饿坏了，因为早上没人给它喂吃的。"你说道。

千万不要说"你忘记喂狗了"之类的话，你只需指出她的这一疏忽就可以了。

两个星期之后，你的女儿就会理智多了，她明白照顾一只宠物是很辛苦的事。除此之外，她还会发现自己的零用钱和生日红包急速"缩水"——它们全都跑到另一个盒子里去了！

而作为家长的你，不但节省了一大笔钱，还摆脱了不少麻烦。而且你也不会陷入大多数家长可能会面临的困境：这毕竟是孩子想要的宠物，你本以为自己可以承担起照顾它的全部责任，但家庭的琐事和工作上的麻烦让你应接不暇，只能将这件事全然抛至脑后。

第二个孩子：你的二儿子今年10岁，他最近想去参加夏令营，但你手头的预算很紧张，为期5天的活动要花费700元，活动时间就在3个月之后。

你告诉儿子："爷爷和奶奶说他们可以出700元，那么你还需要筹多少钱？"

儿子算了算，回答："700元。"

"关于怎么赚到这700元，你有什么想法吗？"你问道。

他兴奋地说："我知道！我可以问问贾斯珀（Jasper）夫人需不需要我帮她捡院子里的树枝。"

"好主意。"你点头称赞。

儿子迫不及待地冲到邻居家，对方也同意让他做这份工作。星期六，他捡了一整天的树枝，最后带着70元回家了。你建议他制作一张记录单，以便随时查看自己还需赚多少钱，并且把钱放在安全的地方。

如果他有了新的想法，耐心聆听，然后提出建议。你会发现儿子对做各种工作越来越有热情。

距离营地开放还有一个月的时间，而他还需要赚500元。每个周末他都非常忙碌，根本没有时间和朋友玩。事情的进展并未如他预想的那般顺利，眼看营地开放的时间就要到了，他还没有赚到足够的钱，失望的情绪开始在他心中蔓延。

你给了他一个拥抱，安慰道："我知道你一直在努力工作。但赚钱没那么容易，对不对？"

"是的。"他叹了口气。

每个星期五晚上全家人会点外卖，每个孩子每月有一次选择餐品的机会。轮到他点餐的那个星期五，你知道他想吃比萨，但他走过来和你说："我们可不可以不点比萨了，用这个钱当作我的露营费用？"

"当然了，"你答道，"但我们全家人还是要吃饭的，你有什么建议吗？"

于是，儿子第一次自己动手煮了意大利面。这顿饭显然算不上什么美食，因为面煮得有些久了，搭配的还是罐头酱汁，但你并没有任何负面情绪，因为这次经历让他充分认识到缺钱是多么冰冷和残酷的处境。

一个星期后，儿子对你说："夏令营真的很贵，所以我想和几个朋友自己组织一个夏令营。我们可以玩些游戏，然后在彼此家里过夜。等他们来我们家的时候，你能帮我们准备晚餐吗？买零食的费用我和朋友们会分担，你可以用我赚的钱买晚餐的食材。"

听到这些话，你欣慰地笑了。你支持他追逐自己的梦想，但并未提供一条通向目标的捷径。来看看孩子从这件事中学到了什么吧。现在，他既懂得了努力工作的重要性，也意识到金钱不是凭空出现的。他发挥自己的创造力打造了属于自己和朋友们的夏令营，这将成为一段难以忘怀的记忆，因为一切都是他自己的主意。

第三个孩子：你的大儿子一个月之前拿到了驾照。他向来是一个好学生，并且很有责任感。但他已经连续3个周末把家里的车开走，让你根本找不到他——是时候把这小子拽回来了，因为你也需要用车。

然而，你很清楚，在用车这件事上，把规矩定得很死板很可能会起反作用，儿子会怨恨你限制了他的自由。所以，你随口道："我想知道你周末有什么计划，因为咱们家的几位家庭成员周末都有要去的地方。你认为如何分配这辆车的使用权才公平？"

儿子猛地做了个吞咽的动作，想了想，说："唔，那我一个月用一次车怎么样？"

而你的回答让他出乎意料："老实说，我认为一个月让你多用几次更公平。"

儿子眨了眨眼，直接愣住了，这可比他预想的结果好多了。

"但是，不管是星期五晚上还是星期六中午或者傍晚，"你补充道，"我们都应该提前几天做好安排，告知家里的每个人自己的行程，这样你妈妈和我在需要用车的时候就不会束手无策了。"

"不如我每个月打印一张日历表，我们把各自需要用车的时间在上面标记出来。"他建议道。

"好主意！这样就能照顾到每一个人的需求，大家可以随时在表上添加自己的安排。"

看到没有？调动起十几岁孩子参与家庭事务的积极性，并赢得他们的好感没那么难。不用怀疑，孩子一定会遵守新的规矩，因为他自己也参与了解决方案的制定。

我们家一共有5个孩子，每次对他们使用这种方法效果都立竿见影。

当你鼓励孩子参与家庭决策，他们对自己的要求可比你对他们提出的要求高多了。一旦通过这种方式赢得了他们的好感，猜猜他们心里会怎么想？**"我爸妈简直太酷了！"**

面对每个孩子，都应该将那颗名为"人生"的网球径直击落于它应处的位置——孩子的半场。因为孩子不仅参与了决策，还要确保它贯彻落实，所以没有立场抱怨哪里不公平。前进道路上的每一步，连同最终的结果，他们都要亲身经历和体会。

无论如何，这总比孩子给你出难题的情况要强吧？你是否打算朝他们的方向投出一个球，并希望他们能接住？

如何让孩子聪明懂事？——培养孩子的洞察力

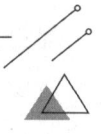

让优秀的品格在孩子身上扎根，对他们大有裨益。如果孩子在家庭生活中养成了良好的品格，不论孩童时期、青少年时期还是成年之后，面对任何风雨他们都将无所畏惧。要想使言行举止发生质的改变，品格是不可或缺的基石。品格和行为密不可分。

一旦孩子具备了洞察力，他们就知道什么时候该做什么事情、不该做什么事情，以及如何处理各种状况。如果孩子的一个同龄人说："我打赌你从屋顶上跳下去也不会受伤。吉米（Jimmy）就试过，结果他毫发无损。"而你家那位比同龄人聪明不少的孩子则会回答道："我可不这么认为。基本的算术我还是清楚的，吉米家的房子只有一层楼，而我家有两层。除此之外，这主意简直蠢透了，爸爸告诉我不要相信愚蠢的主意。我不是鸟，我不会飞。"

> 一旦孩子具备了洞察力，他们就知道什么时候该做什么事情、不该做什么事情，以及如何处理各种状况。

一旦孩子有了耐心，他们就不会像没定力的蚂蚱似的在你面前蹦来蹦去，嘴里不停念叨着："妈妈，可以吗？可以吗？啊？啊？啊？"既然你说了"不行"，他们就会听话。尽管他们还是孩子，但他们的毅力和决心可比我们预想的要强得多。相比之下，没有耐心的孩子的家长则很快就被折腾得筋疲力尽了。事实上，这一点正中他们下怀。

一旦孩子建立了健康的自我价值观，当同学提议在考试中作弊时，他们就不会服从。你的女儿清楚，只要努力学习，考试成绩会给她应得的回报。当然，如果是不擅长的考试科目，她也许只能得到一个良好的成绩，但她知道你就在自己身后，会因她尽了最大的努力而庆祝。这可比"虽然取得优秀的成绩却总是担心别人发现自己作弊"要强得多。甚至还会出现更糟糕的情形：在一次作弊成功后，她开始心存侥幸。既然这次没有人发现，那么在她上了大学、步入职场后，她还会再次尝试作弊。到了那时，习惯作弊造成的后果将会严重得多。

一旦孩子有了自控力，他们就不会鲁莽地做出让自己后悔的举动。你的儿子面对不幸的被霸凌者时，不会落井下石，即使他"罪有应得"。他会在恰当的时机，直视那人的双眼，堂堂正正地对他说："对于你的不幸，我感到很抱歉。"然后转身离去。他不会让旁人的行为影响自己的想法和行动。

一旦孩子懂得节制，他们就不会为了瘦得像模特一样而过度节食，不会因为不开心和没有朋友而暴饮暴食，不会睡眠不足或者睡过头，也不会缺乏锻炼或者锻炼过度，更不会无端指责他人、用拳头击打墙壁或者偷偷割伤自己的身体。相反，懂得节制的孩子会学习如何缓解压力。

一旦孩子的内心具备了勇气和力量，他们就会像一头强壮的雄狮那样站直，任何想要欺负他们的人都不会得逞。他们不允许自己被利用、被虐待；他们不会加入帮派；他们不会在意旁人的指指点点，而是自己决定自己要成为什么样的人，并付诸行动；即便没能考上大学，他们也不会恐惧前途的未知，而是勇敢地开拓新的道路。

一旦孩子知道什么是公平与正义，他们就会为正义而战，为遭受歧视的人挺身而出。当朋友欺负新来的孩子时，他们会说："请停手。"社交媒体上的流言蜚语不会对他们造成任何影响，对旁人他们自有一套评判标准。

一旦孩子养成温和、谦逊的品格，他们会主动拉过一张椅子，坐在孤独的人身旁；他们会把被雨淋湿的走失的小狗送回家；他们会拥抱年幼的弟弟，帮他找回丢失的玩具；他们在班级里取得了第一名的好成绩却不大肆宣扬；他们从不说自己同学的坏话；他们拒绝在竞赛中使用小伎俩取胜。

一旦孩子拥有了智慧，向他们寻求建议的朋友们便会蜂拥而至。你相信他们永远不会泄露你的秘密；他们就算被人围攻也会保持冷静。

一旦孩子拥有一颗慷慨的心，他们会把自己的时间和资源分享给那些在情感或者物质方面有需要的人们。年仅6岁的女儿会同学校里新来的忘记带饭的孩子分享午餐；17岁的儿子会把车停在路边，帮助带着3个年幼孩子的妈妈换轮胎。

一旦孩子怀抱信仰、希望和爱，即便身陷困境也不会丢弃这些美好的品质。是的，他们或许会动摇，但他们永不屈服。

备受敬仰的加利福尼亚大学洛杉矶分校（UCLA）的篮球教练约翰·伍登（John Wooden）先生曾经说过："注重品行胜过注重名声，因为品行映照出的是真实的自我，而名声所反映的不过是别人眼中的你罢了。"

如果孩子成长于一个注重美德的家庭环境当中，就会自然而然地吸收最基本的、积极向上的性格特质，优秀的品格将融入他们的骨髓，得体的举止也必定被他们拥有。

[秘诀三]

尊重孩子,是让孩子听话的第一步

最近我受一位老师的邀请去给六年级的孩子做演讲，演讲的主题让人感到有些意外——"我小时候有多讨厌学校"。为了充分显示自己在上学时有多"酷"，我甚至还模仿了当年的自己特别招摇的步伐——双肩大幅度地来回摆动着行走。

"那时候我觉得自己特别帅，但实际上我就是个笨蛋。"我告诉孩子们，"我当时的人生目标就是引人注目，为了实现这个目标我什么都愿意做。"

你知道的，我有个比我大 8 岁的完美的姐姐，以及一个比我大 5 岁的近乎完美的哥哥。他们已经在各方面领先我太多，作为家里最小的孩子，我永远也追不上他们的步伐。萨利和杰克（Jack）举止得体、成绩优异，在校组织部和校球队担任要职，甚至还能抽出空来帮家里的忙。

这些方面我是比不过他们的，所以我决定走一条不同的人生道路，做自己力所能及的事情。杰克是学校橄榄球队的队长，萨利则是啦啦队队长。而我呢？我是学校的"吉祥物"，我常常在课间跑到操场上找乐子。

在我的行为产生了一定的效果后，我更加希望人们注意到我。我成功吸引了人们的注意力，成了学校里的明星，人人都关注我。

直到很久以后，大概在高中快要结束的时候，我才意识到自己具备一些独特的才能。而我之所以能够"顿悟"，完全归功于在本章开头提到的那位老师。在见到我多次陷入麻烦后，她把我叫到一旁，告诉我，只要我肯尝试，就会做出一番成绩。她并没有给我打上"闹事者"的标签，而是把我当成一个普通人来看待。

那位老师还拥有一种永不服输的劲头，她深信哪怕是像我这样的孩子，在未来也能为其他人做贡献。她敦促我不要总是想着如何吸引别人的注意力，只关注自我，而是要努力挖掘自身天赋，树立长远的目标。

回首过往，那次对话无疑是我人生的一个重要节点，受这位老师的启发，我更加关注自己的人生。

一旦孩子感受到被尊重并认为自己是个有用的人，他们就不会陷入消极、自毁或者不断寻求关注的状态当中。

孩子不是你的"克隆人"

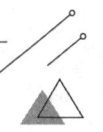

如果你购买或领养了一条小狗,你会等到一年之后才开始训练它吗?不,为了达到最佳效果,你会在拥有它的那一刻马上开始对它进行训练。你可能意识不到,孩子某些时候就像小狗,他们同样需要被训练。

我之前接触过一个二年级的班级,进教室的时候学生们在互相说话。我并没有大声宣告自己的存在,我没有说:"好了,孩子们,安静下来,有大人来了。"我站在那里没有动,直到他们发现我正等着同他们讲话。

教室里安静下来后,我微笑着对他们说:"我真为同学们感到骄傲。你们不知道我来了,所以花了点时间安静下来。现在你们没有一个人还在讲话,很感谢你们如此尊重我。那么,接下来让我们玩点有意思的游戏吧。"

玩游戏时,有些孩子非常兴奋,又开始和其他人说话了。于是我明确提出了一些基本要求:"你们当中不管谁再说话,我都要仔细听一听。当然,这也意味着,其他人也要停止说话,和我一起听,不然,同学们你一言我一语,教室里太嘈杂了,我可能会听不清他在说什么。无论你们谁同我讲话,都会得到这样的待遇。"

当孩子单独发言的时候,我会靠近他一步,把手拢在耳边,倾身去听。家长们,这就是尊重。单纯地向孩子灌输概念是没有用的,言传身教才是真正行之有效的方法。

孩子是天生的享乐主义者,未经教导前他们做事只考虑自己,所以我们需要教导他们关心他人、尊重他人。但一次尝试并不能从根本上改变什么,孩子需要持续不断地从他人的行为中感受到被尊重。

尊重是双向的,要想获得尊重,必须先给予对方尊重。如果他们根本不了解什么是尊重，他们又如何给予你尊重呢？你是家长，他们是孩子，并不代表他们会自发地尊重你。

那些经常把"年轻人，你最好尊重我"挂在嘴边不过是白费力气，你永远不能只通过话语来获得孩子们的尊重。

> 尊重是双向的，要想获得尊重，必须先给予对方尊重。

教导孩子尊重他人，不仅要以身作则，还要花时间和他们相处，尊重最初是从亲子关系的互动中建立起来的。在与人交往的过程中，你会考虑对方的感受、想法和愿望。诚然，对方或许与你截然不同，但这却并不妨碍你欣赏他们出色的品格，钦佩他们所取得的成就。

孩子会一边听你说话、观察你的行为，一边针对以下方面对你进行评估：

- 你是否言出必行？他能依赖你吗？
- 你是否公正且思想开明？你在严词批评他或者对他实施惩罚之前是否会听听他怎么说？
- 你会仔细聆听他的话并且主动探寻他的想法，还是因为忙于自己的事而忽略了他？
- 你会允许他自己做决定，还是会替他做决定？你认为他是怎样的人，他能做到什么？

上述问题的答案塑造了父母在孩子心中的形象和孩子对自己的看法，除此之外，它还会直接影响亲子关系、孩子自我价值观的塑造及他们取得成功的潜力。如果你给予孩子尊重，他们就会回报你同样的尊重，继而孕育出强大的自我价值观。无论面对何种情形，他们都能够维持一种健康的平衡状态。

综上所述，父母教育子女方式的对错与孩子未来成功与否息息相关。那么，你教育子女的方式又是从哪里习得的呢？

7 件父母千万不要做的事情

1. 不要溺爱孩子，不能他们想要什么都给他们买。礼物永远无法代替时间、注意力和无私的爱。
2. 不要对他们进行评判，这种事留给法官去操心吧。不要插手孩子的事情。
3. 不要尝试和孩子做朋友，父母就是父母。
4. 让孩子自己去做他们力所能及的事情，你的帮助只会让他们认为自己很笨、很无能。
5. 不要因为孩子小就觉得他们各方面都不如你。
6. 抚养孩子是你的工作，不要让你年长的孩子抚养年纪小的孩子。
7. 不要表现得无所不知，那是年轻人的"特权"。他们会发现事实并非如此。

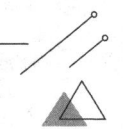

关于原生家庭，父母不可不知的一些事

根据家庭背景的不同和自身所接受的抚养方式的差异，家长通常可以划分为3类。家庭中的两位家长可能分属两个类型，两人都有自己独特的育儿之道，甚至彼此完全对立。家长平时的言谈揭示了他们所属的基本类型。

在成长过程中，与你互动最多的那位家长的说话方式与以下哪一种最为接近？

第一种说话方式：

- "赶紧吃，这对你的身体好。"
- "该去上学了！没有'如果''或者'和'但是'，我们这就得走了。"
- "你的书包呢？我明明告诉过你别把它弄丢了。"
- "你竟然质疑我？我可是你母亲/父亲。"
- "你的成绩是'良好'，只是个'良好'！我对你抱有更高的期待，孩子。你这种'半吊子'的态度对你以后没好处。"
- "学校的同学对你太刻薄了？你是怎么回事？为什么不为自己出头？"

第二种说话方式：

- "噢，你不喜欢吃芝士通心粉？我以为你喜欢吃呢，那我给你做点别的。"
- "上学迟到没关系，我知道你很累，我帮你写个假条……"

- "因为下雨，所以你把书包弄丢了？没关系，今天放学之后我们再给你买个新的。"
- "对不起，我让你不高兴了，我该怎么补偿你？想吃冰激凌还是比萨？"
- "哇，你的体育成绩是良好！你很棒，不是吗？至少你有一门科目及格了。让我们来庆祝一下吧。"
- "谁伤害了你？他做了什么？需要我和他的母亲谈谈吗？"

第三种说话方式：

- "我知道你不喜欢吃豌豆，但你弟弟喜欢。今天他负责点菜，明天就轮到你了，后天是爸爸点菜。"
- "没错，现在已经8点了，你上学该迟到了。明天是不是该把闹钟设置得早一些？用我载你一程吗？你要先去办公室向老师解释一下迟到的原因再去上课。"
- "当然，你可以买一个新书包。先看看你的零用钱还剩下多少，我这就带你去买。你只能买价格在预算内的。"
- "我们对某件事意见不一致很正常，这不是什么大问题。相反，这是一个很好的现象，因为我们可以就此展开有趣的探讨。通过了解对方不同的想法，我们会变得更加聪明，但不尊重他人是不对的。"
- "你的成绩是良好，太棒了！祝贺你。我知道化学不是你擅长的科目，但你所付出的努力使你获得了回报。那么，你想怎么庆祝？等你妈妈回家后赶紧告诉她这个消息，她也会为你骄傲的。"
- "你看起来今天在学校过得不怎么样。如果你想找人聊聊，我随时在。或者如果你需要一些时间调整情绪，我也完全理解。我在和别人倾诉之前也经常需要花时间整理思绪。"

如何找到适合自己孩子的沟通方式？

我之前提到过有关行为的问题：孩子仅当发现自己的某种行为奏效之后才会继续那番举动，父母也是如此。唯有尝到"甜头"后，他们才会继续自己的行为。

第一种家长："我知道什么是最好的，照我说的去做。"

这些家长会替孩子做决定——毕竟他们是家长。他们的年纪更大，所以在生活中显然更有智慧。他们最喜欢的相处方式是发号施令。

如果你有这样一位家长，那你一定时常处于担心惹父母生气的恐惧当中。如果你质疑他们的判断，那么你得到的回答永远是"照我说的去做"；如果你违背了他们的命令，那么禁足一个月都是你受到的最轻的惩罚了。

等你长大一些，你更倾向于赶在父母发现之前处理好自己的问题。否则，一旦父母出面替你解决，恐怕等待你的就是在同龄人面前的"社死"现场了。

此外，在父母面前你会小心翼翼，因为他们经常动怒。你不被允许大声说话，因为你还是个孩子，但作为父母，他们却不必遵守同样的规矩。

你每天都在让他们失望，因为你还不够优秀。你一直尝试达到他们眼中的完美的标准，但无论你怎么努力，那标准总是越来越高。

当父母指出你的失败之处，告诉你唯有更加努力才能取得成功，因为这世界上没有免费的午餐时，你只用点头来回应，直到他们的"长篇大论"结束。毕竟，此前你已经尝过了苦头，发现最好的应对方法就是什么都不要说，忍忍就过去了,虽然你迫不及待地想要离开。

如果父母知道你在他们的"鹰眼"之外所做的事情,恐怕会大吃一惊。但那些却是你唯一能自主展开的行动了,因为父母从不允许你自己做决定。毕竟,在他们眼中,你很笨、会失败,还有可能令他们蒙羞。

一旦从父母家里搬出来,成为能独立生活的人,你就再也不想回去了,除非他们强迫你出席你并不喜欢参加的节日聚餐。你必须再次忍受他们的说教:"为什么你的工作不够好""你要再加把劲儿",或者事无巨细地教你如何成为更称职的家长。

即便你已经40岁了,但在父母眼中你仍旧不够优秀。一方面,你随时担心自己的行为会让他们失望,这种恐惧会给你带来压力;另一方面,你因此高筑起一道怨恨之墙,表面上你微笑着参与互动,内心却想赶紧离开这里,回到自己的家。

如果男性从小被灌输自己才是家庭的主人,而女性必须服从自己这类的思想,他们在长大之后很有可能成为这类专制型家长(事实上,这些男性在专制型家长中占很高的比例)。诚然,女性也无法摆脱这种趋势的影响。

一位发型设计师曾告诉我,她拒绝再为自己的一位客户服务。因为那位女高管每次带两个孩子来理发时,全程都会当着其他客人的面训斥孩子们,但凡她认为他们哪里做得不对都要斥责一番。7岁的男孩因为离开椅子去观察窗外的一只蝴蝶就被批评是"注意力不够集中的失败者",9岁的女孩没能在年级拼字比赛上获得名次也被定性为"失败者"。

一位摄影师曾和我说,在一次拍摄过程中,因为发生了件不愉快的事情,他告知模特经纪公司,从此禁止模特的母亲参与拍摄过程。当时正值午餐时间,工作人员给了那位漂亮的13岁小姑娘一块鸡肉三明治,她的母亲见状猛地把食物从女儿手里夺走,并严肃道:"不要吃这个,你会变胖的。如果你变胖就不能拍照了,到时候你就一文不值。"

莱曼博士的 10 秒钟解决法

问题：我 6 岁的儿子最喜欢说的话就是"我不要"。不管我让他做什么事，他都甩给我这句话，就好像预先编辑好程序的机器人似的。我该如何改变他这种行为？我担心这会变成他的习惯。

答案：如果说他的反应是提前设计好的，那么你的所作所为再次强化了那个"设计"。如果你不相信，那么我问你，每当你的孩子说"不"的时候，你的反应是怎样的？你的血压升高，情绪变得更加激动，脱口而出："我是你母亲，我让你做什么，你就得做什么……"或者"赶紧穿好你的鞋。不要让我说第二遍。"我说的对吗？

孩子不过是在"引诱"你关注他，而你却正中圈套。他把你玩弄于股掌之间。

试试这么做：下次他再拒绝你的要求时，干脆地回答他："我知道了。"然后走开。孩童对惯例情有独钟，而这种陌生的行为会让他摸不着头脑，你打破了他的惯例。

随后，他多半会边朝你跑过去边说："可你应该说……然后我就会说……应该这样才对！"

不要停下你的脚步。他可能会哭闹，但你不能回头。随便找点其他的事情做，要做到无视他的话和行为。等他再想做什么的时候，坚定地表示拒绝。

"为什么不行？"他抱怨道。

你转过身面对面对他说："因为我不喜欢你每次都拒绝我。那种行为让我很不舒服，你觉得呢？"

然后他就会开始想尽一切办法耍赖："我爱你，妈妈""我不是故意的""我很抱歉"，对于母亲来说最难处理的情形也出现了——他的眼泪就像开了闸的洪水般流个不停。

但你还是不能妥协，不能照着他说的做。

只有这样他才能意识到母亲说话算话。

下次他再想开口拒绝你时，多半会先思考一下。如果他是块"硬骨头"，可能还会使出同样的策略，这时你一定不能手软。面对你的拒绝，无论他如何耍赖、哭闹都不起作用，这样的事情对他来说毫无乐趣可言，所以最终他会放弃。

专制型家长对孩子进行掌控通常出于担心孩子无法取得成功，比如那位女高管凭借强势的做派一路奋斗到职业顶端；或者因为自己不够优秀，比如那位模特的母亲年轻的时候想当一名模特，曾尝试过几年，但未能成功。有些人对孩子严加管教，只因这是他们唯一知晓的育儿之道。

第二种家长："不要担心，亲爱的。我会帮你解决。"

因为不想让孩子感到任何不适或不便，这类家长会替孩子做决定。但如此一来，他们就和第一种家长一样，剥夺了孩子自己做决定以及品尝这些决定所带来的后果的权力，长此以往，未来孩子会面临的风险实际上更高。

这类父母几乎都是为孩子而活，而不是为自己而活。没有了孩子，或者说脱离了母亲或者父亲的角色，他们甚至不确定自己是谁，又该做些什么。因此，孩子的一言一行、经历的每一件小事都会直接影响他们，仿佛自己与孩子感同身受。

这类父母是最积极的"急救员"，他们会对孩子说："我知道你今天在学校一定累坏了。我来喂狗和洗碗。不用告诉你爸爸这件事，你去休息吧。"

即便事实摆在眼前，他们依然不相信孩子会做某些事情并言之凿凿："苏西（Suzy）不会那样做的。她永远不会伪造社交媒体账号，并用那些话攻击另一个女孩，你得到的消息一定是假的。"这种盲目的信任催生了毫无理智的忠诚，短时间内可能对孩子是有益的，但从长远来看对孩子的成长没有任何帮助，因为苏西在社交媒体上诋毁的那个女孩已经将整件事的经过告诉了自己的母亲，这位母亲已经保留好了证据、联系好了律师准备起诉苏西。

这类家长为了保护孩子，操控起"事实真相"来得心应手："我相信内森（Nathan）不是故意打那个孩子的，一定是他自己摔倒时脸不小心撞到了内森的拳头。你知道的，这也不是什么大事，男孩子之间打打闹闹很正常。"

他们是安抚对方愤怒情绪的高手："你知道她不是那个意思，她只是太生气了。你的孩子会没事的。你会原谅她，对吧？"

他们会为孩子扫清前进道路上的"障碍"："约翰尼（Johnny）今天肚子疼，所以没办法参加数学考试了，可以让他下周再参加考试吗？"

如果家里有两位家长，一位是专制型的，另一位是纵容型的，孩子但凡不是蠢得无可救药都能游刃有余地玩起操控父母的把戏。

如果你的儿子想买一块新的滑板，他会怎么做？他会等专制型的父亲出门上班时，说服纵容型的母亲放学后带他去商店，用当月的生活费给他买滑板。

你的女儿想去看一场演唱会，但她知道专制型的母亲不会同意。那么，她会怎么做？趁母亲忙着照顾弟弟的时候，她会飞速跑到后院，对纵容型的父亲说："爸爸，我觉得咱们俩在一起相处的时间太短了。我在想，明天你能不能载我和几个朋友去看演唱会，结束后再把他们送回家，这样我们就可以一边吃夜宵一边聊天了。"而这位父亲就像一条鱼似的不知不觉地被女儿"钓"上了钩。

纵容型父母看上去很容易被说服，但实际上他们和专制型父母一样控制欲极强，只不过使用的方式截然不同。

莱曼博士的 10 秒钟解决法

问题：我女儿讨厌数学。当我想辅导她学习，她就会号啕大哭。她和我说数学太难了，她就是不擅长。我该怎么帮助她解决这个问题？

答案：这到底是谁的作业？是她的作业。你的作业在上学时已经做完了。她在数学上可能没什么天赋，但进行基本的数学运算是我们生活的必备技能。你的"帮助"反而会使你们之间产生隔阂，继而影响你与女儿的亲子关系。

从校外找一位老师辅导女儿学习这个解决办法无疑更好。每周放学后，辅导老师指导她几个小时，有助于让她从另一个视角看待自己讨厌的学科。

你只要面带微笑地准备零食就好了。

为确保孩子取得成功，父母会控制他们的生活，替他们清扫前路的所有障碍。

常说"我会帮你解决"的父母剥夺了孩子培养责任心的机会，降低了他们出色地完成任务后产生的自我价值感，削弱了他们评估不同选项和做出正确选择的能力，孩子也就无法从错误的决定中吸取经验教训。

第三种家长："让结果说话。"

这类家长不会下意识地为孩子做决定。作为权威型父母，他们会将名为"权力"的球放回赛场，让"球"在它应处的位置上。他们不会像专制型和纵容型父母那样紧紧抓着孩子不松手。当然，父母把"球"交给孩子的过程中，"球"可能会落在地上。但如果孩子连持球都不被允许的话，又怎么学会运球或者投篮呢？

权威型父母允许并鼓励孩子做适当的决定。只要家长愿意从小事开始，放手让孩子亲身体验各种行为所带来的后果，即便他还在蹒跚学步，也会感受到做决定的力量。

"午餐可以选鸡肉三明治或者吞拿鱼三明治，你想吃哪个？"妈妈问道。

如果孩子一开始选择了鸡肉三明治，却在母亲做饭做到一半时改主意了，你应该说："没错，吞拿鱼应该也很好吃。但你已经选了鸡肉，所以今天我们就吃鸡肉三明治。"

有的家长可能会想：**"如果我这么做，我的孩子一定会大吵大闹，我这一整天就被毁了。"** 那么，你是宁愿毁掉眼前这一天，还是想纵容他到18岁？届时，想必他会痛苦地发现，旁人可不会容忍他那些蛮横的举动。

是时候把这些无理的行为扼杀在摇篮里了。权威型父母坚持自己的做法，否则孩子什么也学不会。如果孩子发脾气，父母直接把没做完的三明治留在厨房，然后走开就好。当孩子发现自己的"观众"离开了，就会上前乞求："可我还是想吃吞拿鱼。"

母亲平静地答道："如果你饿了，就自己去厨房把剩下的鸡肉三明治做完。"让孩子明确，母亲不会再去碰那个三明治了。如果孩子依然不自己动手填饱肚子，等到下午，无论孩子几次要求吃零食，都不要同意。孩子要么选择吃掉自己做得乱七八糟的鸡肉三明治，要么就饿着肚子等到晚餐时间再琢磨这到底是怎么回事。

是母亲太刻薄了吗？不，她只是没那么好说话罢了。她只是选择让孩子产生的饥饿感代替她的"说教"而已。我相信明天她再问孩子中午想吃什么的时候，孩子在开口做选择之前一定会"三思"了。

你可能不喜欢儿子把卧室的墙面刷成紫色，可能觉得葡萄口味的生日蛋糕令人作呕，但你选择尊重孩子的意见。等他对紫色的热情消失了，给他一桶白色的油漆和一把滚筒刷就好。或许他要刷整整三层白油漆才能完全覆盖紫色的墙面，但这会成为让他难忘的经历。而吃葡萄口味的生日蛋糕又有什么大不了的呢？可能他这辈子都会记得这个生日，甚至自此爱上葡萄味果冻。

随着孩子年龄的增长，权威型父母会引导孩子参与家庭决策。夏天全家人一起度个假怎么样？给孩子基本的数据作为参考：度假的天数和旅行经费的预算。让家中新晋的"互联网高手"替你查资料，借此机会让孩子了解住酒店、外出用餐和旅行究竟要花多少钱。

旅行正式开启后，孩子事前所做的一切准备工作便会得到真实的反馈。他们因旅行产生的抱怨会大大减少，全家人将度过一段美妙的时光。

> **作为权威型父母，与其反复训诫对父母的话充耳不闻的孩子，不如让现实说话。**

权威型父母强调个体的责任感。推卸责任或者故意使他人愧疚的做法对权威型父母无效，他们自己也不会这么做。如果权威型父母犯了错，他们会主动承认，然后从中吸取经验教训，继续前进。权威型父母知道自己什么时候应该说"对不起"和"请原谅我"。

作为权威型父母，与其反复训诫对父母的话充耳不闻的孩子，不如让现实说话。

以下便是让现实说话的回应方式：

- "忘记交作业了？这一定会影响你的成绩；老师还会当着全班同学的面把你叫出去，你有好感的女孩／男孩也在看着你。"
- "和姐姐吵架了？如果第二天她不同意载你去商场，你也不要大惊小怪。"
- "下雨天把自行车丢在外面了？那你恐怕要花不少工夫擦掉车链上的锈迹了。"

发现了吗？这些话说起来多么简单，却又多么有效！权威型父母深知，培养孩子积极向上的品格，最有效的方法就是为他们提供能够引导这些品格发展的活动，让孩子切身体会和学习。孩子看到的东西会反映到他们的行动当中。

想让孩子了解 1 元的价值吗？给你 5 岁的孩子 1 元，然后带她和你一起去商店，让她知道 1 元都能买些什么东西。在下次去商店之前，列一张购物清单，让你 11 岁的孩子在商店中查询每样物品的价格是多少。

想要让孩子学会控制自己？面对那些美味的布朗尼蛋糕，有的人嘴上念叨着"只吃一块……"，心里却想着"好吧，两块也行……不把整盘蛋糕都吃光不就行了"。在烘焙的过程中，对满眼期待的孩子说："这闻起来特别香吧？我知道你们等不及了，但有时候适当的等待可以让食物品尝起来更加美味。烤好了我会叫你们的，咱们一人一块。"

我经常说："一家人如果经常一起干活、一起玩耍，那么他们就会牢牢地团结在一起。"权威型家庭便是如此，每个人都会出力，如果有家庭成员袖手旁观，后果必将给他们上一堂生动的课。

如果 14 岁的儿子说自己不想打扫车库，你只需回答："没问题，这是你的选择。"然后雇用邻居家的孩子来做这件事，用儿子的零花钱按照"市场价"给"雇员"支付报酬。如果邻居家的孩子和你儿子同龄就更好了，他会在学校里宣扬自己如何获得了这笔"意外之财"。有时候来自同龄人的压力会转化为一种动力。

等到周末你儿子拿到零用钱时，会发现这次的钱似乎少多了，里面还夹着一张提供服务的结算收据。如果他刚好想用这笔钱买一个新电子产品的话，无法支付的现状会说明一切。

缺乏安全感的父母在应对突发状况时首先依靠的是情绪而非大脑。他们对孩子的生活有极高的掌控欲，不厌其烦地帮他们摆脱各种麻烦，为他们解决后顾之忧，对孩子的各种要求层出不穷。倘若父母对自身持满意态度，则更容易发现孩子身上的独特之处。相较于坚持替孩子选择未来的道路，他们更倾向于鼓励孩子充分发挥自己的特长。

权威型父母深知，孩子存在的意义并非重新过一遍自己的人生，他们也不是要培养一个"小一号"的自己。他们不会因为年轻时的自己想成为一名摇滚明星，长大后却成了会计，就一定要让女儿当摇滚明星，代替他们实现梦想。同理，出生在厨师世家的男孩也未必非得接管家庭连锁餐厅不可。

你是一个性格外向的人不代表孩子就必须多参加各类活动，也许他性格内向，待在家里更有助于摆脱社交生活的嘈杂喧嚣。如果你是一个性格内向的家长，而你性格外向的女儿十分喜欢参加活动，她慢慢扩大的社交网络逐渐侵入你的家庭，将原本安静的生活搅得异常喧闹，你同样会觉得厌烦。但如果家人之间能够做到彼此尊重，你们会协商一致，保证每个星期至少有一个"家庭夜晚"。

权威型父母从不发号施令，也不会为孩子的行为产生的后果开脱。他们深知家长是站在山顶俯视人生，而孩子则是站在山脚抬头向上看，所以他们懂得分享智慧的重要性，而不是强迫孩子听话。权威型父母能帮助孩子养成良好的品格，这不仅在现下有助于孩子成长，也为孩子在未来取得成功奠定了基础。权威型父母不会逼迫孩子所做的一切都向成功靠拢，而是陪伴在他左右，让他在人生道路上自行探索和发现。也许他会因缺乏经验而犯错，但那也无伤大雅，因为他会从中吸取经验教训。

改变孩子，从改变父母的行为开始

通过以上分析，相信你已经清楚孩子在成长过程中所接受的是怎样的家庭教育，且也明确了自己属于哪种类型的家长。那么请重新回顾一下本书秘诀三的内容。哪一种教育子女的风格和你的最为贴近？

想想过去几天你是怎么和孩子沟通的。

你有没有立规矩，告诉他们该做什么、不该做什么？相较于让他们自己做决定，你是否选择了代替他们做决定？如果是的话，你就属于专制型家长，喜欢发号施令，这种与孩子相处的方式对你来说可能更安全，也更简单。

你是不是经常帮孩子收拾烂摊子？你会替他们写作业、解决麻烦吗？当孩子发脾气，冲你大吼大叫时，你是否只是感到有点不开心，并没有让孩子受惩罚？如果是的话，你就属于纵容型家长。

如果你已经懂得如何让现实本身给孩子上生动的一课，而不是靠自说自话解决问题，那么这无疑是一个好消息！恭喜你，你是一位权威型家长，或许这本书应该由你来写。

还记得你在有孩子前对自己许下的承诺吗？"如果我和孩子遇到类似我和父母之间产生矛盾的情形，我绝对不会用他们对待我的方式对待我的孩子。"而一个星期之前，当事情真的发生了，你又是怎么做的呢？多半你会像大多数家长那样，不仅用更大的声音对孩子说了你父亲曾对你说过的话，还做了你母亲对你做过的事，举止甚至更夸张。

所以，每个人都会受到成长环境的影响，但这并不意味着我们注定要成为父母的复制品，对孩子的教育无计可施。

一旦察觉到自己会做出孩童时期所厌恶的"家长行径"，你就要抓住这个摆脱自己父母的影子、重新塑造自己作为父母新形象的好时机。虽然人的反应在最开始是一种本能冲动，我们没有多少思考的余地，但我们可以对它进行后天训练。等下一次想要说什么或者做什么的时候，不妨先问问自己以下几个问题：

> 好吧，这样的事情之前已经发生过了。
> 上次我是怎么做的？有效果吗？
> 并没有，反而让一家人的情绪都不好。
> 所以这次为了达到更好的效果，我是不是应该换一种做法？

如果你能够改变自己的行为，像权威型家长那样思考和采取行动，包括给予孩子应有的尊重，那么孩子的行为也会随之发生变化。

在生活中如何做到因材施教

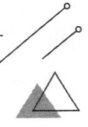

"别人教我,对所有孩子都要一视同仁,"一位30多岁的男士曾和我谈起,"但即便如此,孩子们还是经常打架。他们之间是有什么矛盾吗?还是作为家长的我们有问题?我们夫妻俩好像从来没做对过什么事情。"

"他们能有什么错呢?毕竟他们还是孩子啊。"我答道,"看来他们已经找到激怒你的办法了,只要能够成功吸引你的注意力,无论你怎么一视同仁地对待孩子们,他们都还是会打架。至于你,则允许了他们激怒自己。激怒家长意味着他们赢了,双方只要有一方赢了,另一方就输了。孩子们达到了自己的目的。你忽视了一个重要的问题:你想要一视同仁,但每个孩子都是独特的个体。"

好好看看家里的那些孩子,没有哪两个人是一模一样的,所以为什么要一视同仁地对待他们呢?一旦父母通过观察孩子看清了他们眼中的世界,就会发现孩子们看待事物的方式和体验与大人截然不同。家长在与孩子们相处的时候,要想办法摸清每个孩子的个性,明白个体对同一事件的解读会因天赋不同而有所差异(详见秘诀七)。

打个比方,对于那些本身已经很努力、很上进的孩子,作为家长就不用再逼迫他们做什么了,这类孩子需要的是认同、理解以及意识到就算不完美也无伤大雅,甚至,有时候"不完美"也是值得期待的。

而如果孩子从来没有学习的念头,尤其是在天气晴好的日子里,朋友们正拿着棒球在街角等他,父母就需要给出一些温馨提示了,毕竟人生不是只有棒球……除非他将来要打职业比赛。

综上所述,这就是我完全不赞成对待孩子要"一视同仁"的理由。每个孩子都是独一无二的，如果你以一种错误的观念教育孩子，只会害了他们。

> **每个孩子都是独一无二的，我完全不赞成对待孩子要一视同仁。**

所以，从现在开始，调整教育子女的方式，给予孩子足够的尊重。詹姆斯（James）是一位父亲，他非常爱自己的两个孩子，却很难在情感上与他们产生联结。可能因为詹姆斯的父亲生性冷淡，没有给予他应有的关爱，更没有教他如何与孩子相处。詹姆斯同他的父亲一样，从不过问孩子的想法，每次都是直接宣布他们应该怎么做，之后便离开房间。他过于腼腆，不知道如何表露自己的情感，光是在孩子面前下达命令就已经让他很不自在了。孩子们认为父亲十分冷漠，觉得他总是自说自话，对他们的想法不屑一顾，因此亲子关系完全陷入僵局。

但我非常钦佩这位父亲的勇气。在当了15年的专制型家长后（这是他唯一熟悉的教育子女的方式），詹姆斯决定做出改变。他走到14岁的儿子面前，对他说："布雷恩（Brain），有件事我一直都想告诉你，但我不知道怎么开口。老实说，我还有点怕告诉你。我想说，我爱你，无论过去、现在还是未来，我会一直爱你。这些话对我来说很难说出口，因为我的父亲从来没有对我说过。我之前从来没有尝试着对你讲过，这是我的错。你能原谅我吗？从现在起，可以帮助我改变我的做法吗？"

詹姆斯向我讲述了后来发生的事：这对关系曾经僵冷如北极寒冰的父子，第一次拥抱了彼此。听到这里，我不禁泪流满面。

一旦父母曾经说过的话或者做过的事给你造成的伤害影响到了你当下的言行，尝试对孩子说这三句话："对不起。""我错了。""请原谅我。"这三句话具有神奇的力量。别担心说出来的话没有回应，当孩子看到你认真的眼神，他们会相信你，不会拒绝你的爱。

对孩子来说，没有什么比当面指出父母的错误还不会产生任何不良后果更让人蠢蠢欲动了。

尝试在家人之间建立起彼此尊重的关系吧，因为尊重从来都是双向的。

3类父母对同一种情形的不同反应

明天是孩子第一天去幼儿园，你知道他对穿衣服很讲究。以下是3种类型的父母对此事的反应。

专制型父母："我把你明天要穿的衣服放在椅子上了。7点30分准时吃早餐，7点45分前在车里坐好。"

纵容型父母："噢，亲爱的，明天是你第一天上幼儿园，穿上我给你买的新衣服，你一定会成为最可爱的孩子。你是一个十分特别的孩子，我相信所有人都会喜欢你。你明天要穿哪件衣服？早餐想吃什么？打算几点出门？"

无论你说了上述哪番话，孩子都根本不会理会你。在第一种情形中，你喜欢带领的衬衫，但不代表他也喜欢并愿意穿着它去上幼儿园。毕竟那件衣服的面料又硬又扎人，而且颜色还是他不喜欢的。

而在第二种情形中，他可能会觉得你太夸张，因为他知道并不是每个人都喜欢他，前一天他还和最好的朋友打了场架。他也不觉得自己是特别的，他知道自己没什么擅长的东西，所以不会上你的当。

至于那3个问题嘛……他讨厌被连续问个不停，那些唠叨让他昏昏欲睡。他不明白你为什么还要特意问这些问题呢？反正你终归会替他打理好一切。

权威型父母："明天是你第一天上幼儿园，我猜你一定非常兴奋。你姐姐刚上幼儿园那会儿你就开始期待了，现在终于轮到你了。明天想穿什么你自己选，我把决定权交给你。穿好衣服后，7点30分来厨房吃早餐，我会给你准备你最喜欢的食物。记得准备好蜡笔还有文具清单上的其他东西，等吃完早餐我帮你把清单上的文具收拾好放进书包里。"

家长操心的很多问题都与衣服、发型、食物和朋友有关——这些人和事随着孩子的成长经常会发生变化。权威型父母允许并且鼓励他们做适合其年龄段的决定。从长远来看，真正重要的是孩子的心理状态和你们之间的亲子关系。

如何培养孩子不服输的生活态度

金克拉（Ziglar）曾说过："你不能改变生活境遇，但你可以调整自己面对这些境遇时的态度。"培养孩子永不服输的态度首先要从父母开始。

对于你来说，成功意味着什么？是拥有旁人都能看到的身外之物，比如大房子、人人称赞的职位、名表、豪车？还是拥有较长的年假、退休后可观的养老金？或是你的孩子一路从最好的幼儿园、重点高中直升到全国排名前15的大学？

又或者，成功对于你来说是拥有良好的品格和亲子关系？当你回想起这些场景：一家人围坐在餐桌前欢声笑语；第一次收到家里的小宝贝送的一束蒲公英花，因为她发现了你情绪低落；老师打电话告诉你，你的二儿子心地善良、乐于助人，为患有白血病的同学筹集善款；颇具竞争力的大儿子为了给其他同学一个机会，让他在学校有更加丰富的体验，主动退出第二年的班长竞选……你是否会不由自主地露出笑容？这些记忆是否让你在夜晚安然入睡？因为意识到在这一场激动与困惑交织的育儿之旅中，自己还是做对了一些事情。

如果你能回忆起与上述类似的场景，说明你做了许多正确的事情。你一直很注重培养孩子的品德，例如慷慨、善良、谦虚和体贴他人。你已经走在了帮助孩子取得成功的正确道路上，只不过还需要对心态进行一些微调。

拒绝和失败都是生活的一部分，只要持有正确的人生态度，你大可将它们视为通往成功的阶梯。受父母教育方式和个人经历的影响，你如何看待自己决定了你教育下一代的方式，同时也铸就了你的人生信条，指引着你的思考和行为。明确人生信条有助于你更加平和地应对拒绝、失败和各种困境，对教育子女的过程将产生积极影响。

如何改变孩子的行为

要想明确你的人生信条是什么，不妨尝试将这句话补充完整：我只在乎……以下是一些范例：

- 我能成为大家注意力的焦点。
- 大家都喜欢我。
- 我可以为他人提供帮助。
- 我能完成任务。
- 每一个认识我的人都会喜欢我。
- 人们尊重我。
- 我能把事情做好。
- 我所取得的成就被认可。
- 人们会关注我。
- 人们会按照我说的去做。
- 我可以帮助大家好好相处。
- 在项目启动前，我会考虑到方方面面。
- 我达到了自己的要求和目标。
- 我能给别人带来笑容。
- 我能够控制自己。

接下来，我们简要探讨一下 4 种基本的人生信条。

老板型：按自己的想法做事

如果你的答案包含"我能够控制自己""人们尊重我""我所取得的成就被认可""我能把事情做好"和"人们会按照我说的去做"，那么你就属于掌控大局或位居高位的那类人。你性格果断、意志顽强，具有统帅风范；你有话直说、擅长组织管理；你自信、独立。

如果有人想要完成一项任务，会把它委托给你。你对自己的要求非常高，不仅能按时、出色地完成任务，还会查漏补缺，确保任务完成得万无一失。几乎没有事情是你完不成的，但倘若得不到十全十美的结果，你会非常难过。你十分看重他人的看法，别人眼中的你是否有能力、是否成功，对你来说至关重要。

但问题在于，别人可能会觉得你专横、冷漠，因为你总是想要主宰一切。如果命令没有被立刻执行，你的耐心就会耗尽。究其根本，无论是在工作场合、家庭还是社会生活当中，你都害怕失去控制。

当有人反对你时，你可能很难控制自己愤怒的情绪。你对自己、对别人的要求都非常高，缺乏热情和宽容。所以看到那些在生活中苦苦挣扎的人，你无动于衷，因为你认为他们不够努力。你需要他人对你感激、尊重和服从，那些和你相处得较好的是能够迅速执行命令、擅长迎合的人。

完美主义者：用正确的方法做事

如果你的答案是"我达到了自己的要求和目标""我能完成任务"和"在项目启动前，我会考虑到方方面面"，那么，你对自己的要求很高，你所追求的不仅仅是把事情做好。你是规划的高手，在行动之前就已经思考好每一步该如何去做。

你喜欢所有下属的行动整齐划一，产品最终的样子你了然于胸。你偏向树立长远目标，降低预期对你来说是不可能的事情。你钟爱独处和深度探讨，具备极强的创造力和极高的敏感度。

但问题在于，过度沉迷于细节的规划会极容易令你变得消极和不堪重负。你担心自己犯错，如果没能达到自己的高标准，你会觉得沮丧，甚至感到失望。

更糟糕的是，也许没人在乎你的这些标准。

通常来说，你会给予他人尊重，但也会对他们抱有怀疑。一旦他们的行为不符合你的高标准，你就会恼羞成怒，认为他们是在针对你，而实际上是你的不安全感在作祟。对细节的过度关注赋予你强大的记忆力，对他人犯的小错误总是难以忘记。在他人眼里，你性格自大、挑剔、悲观且情绪化。你对那种对待人生态度不认真，行事毫无规划，想一出是一出的人没有什么好印象。

忠于本质者：用简单的方法做事

如果你的答案是"我可以帮助大家好好相处""大家都喜欢我"和"我可以为他人提供帮助"，那么，你就是一个有耐心且诚恳的人，几乎可以同所有人打成一片。同时，也因为你不想找麻烦，所以能容忍各种各样的人。

你擅长解决问题、富有同情心，经常对他人施以援手，所以大家喜欢你，都愿意找你帮忙。你心态平和，就算面对很大的麻烦也不会轻易发怒。如果有人问你过得如何，你会说"噢，我很好"。你天生擅长交际并且乐于倾听，你友好的态度能让身边每一个陷入愤怒情绪的人冷静下来。你适应能力强、为人可靠，即便工作完成得比别人慢一些，你也会坚持到底。

但问题在于，因为你不想与他人起冲突，更不愿意冒犯别人，所以做决策时经常犹豫不决。你总是花大量的时间考虑如何维系和平，要么竭力避免冲突，要么当和事佬，而其他人则会利用你的善良。

你会调整事情的轻重缓急，所以经常完不成既定目标，他人会觉得你懒惰或者做事毫无目的性。你总是表现得很冷静，别人可能会认为你性格内向，缺乏对工作、对人生的动力或者激情。

派对焦点：用有趣的方法做事

如果你的答案是"我能成为大家注意力的焦点""人们会关注我"和"每一个认识我的人都会喜欢我"，那么，你就是个喜欢成为派对主角的人。你行事游刃有余，随时准备好参与下一项活动。但是，你不能忍受被抛弃。

你是派对上第一个同陌生人讲话的人，15分钟之内就可以结交一位新朋友。你外向、幽默的性格和擅长讲故事的能力将人们吸引至你身旁，他们如蜜蜂围着花蜜打转般围着你转。你的嘴皮子很利索，十分善于游说，经常说服他人帮你做自己不喜欢的事，你真诚的恭维和感激让这些人在离开后还自我感觉良好。

你喜欢站在聚光灯下，成为人群的焦点。对你而言，仅被人注意到还远远不够，你还需要他人的欣赏。在你看来，得到旁人的认可是理所当然的事情，你更希望大家都崇拜你。

但问题在于，你的条理性极差。你会弄丢车钥匙、雨伞等物品。你常因被其他事情绊住了脚步，或者忘记约会时间而失约，这让对方很失望。你钟爱社交，如果有人忘记你的名字会让你感觉被冒犯——即便你也没记住他们的名字。

为了让故事听起来更加刺激，你会采取夸张的表达方式，以至于有时候大家并不相信你说的话。你那种"不要担心，及时行乐"的生活态度在大多数情况下都能奏效，唯独需要你认真起来的时候除外。

你从不记录自己的花销，即使超出预算你也不会约束自己的消费行为。你常说："预算？那是什么东西？"

得益于自身的魅力，你几乎什么事都不用做，包括你不应该逃避的事情。例如，把自己的工作交给别人去做。你期盼人生朝着自己的意愿前行，因为你已经习惯如此。而当有人利用你的天真欺骗你时，这种乐观主义就会立刻崩溃。

莱曼博士的 10 秒钟解决法

问题：我女儿显然适合学社交专业，其他东西对她来说都是"辅修"。你看她的成绩就知道了。可如果成绩不好的话，她连大学都上不了。我该怎么做才能让她认真对待自己的人生？

答案：这究竟是谁的人生？是你的还是你女儿的？

所有父母在内心深处都盼望子女能够取得成功。然而，你女儿对于成功的看法可能与你截然不同，尤其在你是个内敛的人，而她却性格外向的情况下。

与其对着她不尽如人意的学习成绩长吁短叹，不如将更多的注意力放在她做得不错的事情上。悄悄针对这些事进行记录，然后和她面对面聊一聊。

"最近我发现你非常擅长同时做好几件事情。我就做不到一边发短信、打电话、搜索网页，一边做作业。你能做到这一点简直太厉害了。那天……"你告诉她，你看到了她为鼓励灰心丧气的朋友所做的其中一件事，"那件事再一次向我展现了，你是多么特别和有天赋。所以我在想，几年之后你就要去上大学了，你思考过自己要学什么专业吗？如果你想聊聊你心里的想法，我非常愿意听。"

你已经打开了彼此的心门，最终她会愿意与你分享一切。同时，你温和的提示、贴心的话语、耐心的倾听也会促使她思考下一步该怎么走。

"你知道吗？爸爸是对的。我明年就高三了，是时候考虑考大学的事情了。可我的成绩不太理想。或许我应该好好学习，准备迎接下一次考试，看看会不会有进步。"

你并没有白白浪费口舌，最终她自己就搞定这一切了。效果十分显著，不是吗？

性格培养原则：发挥优势性格，改善劣势性格

如果你是手握大权的老板，掌控全场对你来说至关重要。从积极的一面来看，你是一家之主，所以孩子的注意力自然落在了你身上。你善于规划，不会错过孩子成长过程中的任何关键时刻。如果有人想带坏你的孩子，你会像熊爸爸那样咆哮着冲出洞穴保护小熊崽。

但从消极的一面来看，你过度在意朋友和同事的看法，因为你好胜心极强，非常在意自己的名声。如果儿子在公众场合让你难堪，或者女儿的言行不礼貌，你会因此勃然大怒，甚至对他们进行惩罚。因为你对这些事的容忍度非常低。

如果你的女儿空有梦想却不做实际规划，平时粗心大意，作业错漏百出，甚至不能按时完成，你们恐怕会经常发生争吵。如果你的儿子重视社交多过学习，对待人生的态度不够认真，你会想尽一切办法让他改变这种行为，以便在日后取得成功。你无法忍受孩子的无能。

如果你是一个完美主义者，将家中大大小小的事情处理得井井有条，左邻右舍无人能及。从积极的一面来看，每一位家庭成员都可以轻松找到他们的鞋子，因为你会按从小到大的顺序把它们在门前摆成一排。你会向他们分享许多人生体验，会在全家人行动之前先打探清楚情况，确保每个孩子都有进行思考的空间和独处的时间。

但从消极的一面来看，你对孩子的要求和对自己的要求一样高。儿子做事毫无规划会把你逼疯；疯狂迷恋重金属音乐的女儿搅乱了你每天迫切渴望的休息时间，你会因此生出埋怨之心。

如果儿子并不在乎你精心规划的日程，经常在约定好的家庭活动中迟到，

你会对儿子的不在意感到心灰意冷，认为自己的一番好意被辜负。女儿打扫完屋子之后，你发现床单的一角没有掖好，还要重新把整个屋子打扫一遍，因为你们对于干净整洁的定义并不相同。你对于细节的过度关注会削弱孩子从动手完成一件事中所收获的成就感。

如果你忠于本质，你会一直站在孩子身后支持他——听他讲话，在他做事时陪伴在一旁，等待他第一次自己开车回家。从积极的一面来看，你对孩子的包容度很高，有人向你告状，说他调皮捣蛋时，你相信他是无辜的，你经常说："我相信他不是那个意思，你知道最近他压力也很大。"你总能无条件理解、相信孩子。

但从消极的一面来看，你想要和孩子们愉快相处的愿望很容易被他们利用，并借此来操控你。因为你一直努力取悦孩子，甚至超过了应有的限度。为了不让孩子难受，你"帮助"他们写作业，替他们解决问题，但这么做并不利于培养他们自行处理问题的能力。

每当孩子需要找人说话的时候，你是他们的首选，但他们有时候也希望你能袒露自己的真实想法。孩子小的时候会觉得你很值得依赖，因为你会花很多的精力在他们和他们的朋友身上。但长大一些后，他们会觉得你枯燥、无趣、观念老旧。

避免冲突对你来说很重要，你从不插手他们兄弟姐妹之间的争吵，是个合格的听众。但在孩子最需要支持的时候，你却无法给予相应的支持。因为你软弱不堪，不敢冒犯他人。甚至因为不想找麻烦，就连他人无礼的举止都可以容忍。除此之外，服务他人、为他人牺牲是你的人生信条，照顾孩子是你生活的全部，你根本不关注自己的需求和兴趣。而一旦孩子们没有注意到你的辛苦付出或者忘记对你说"谢谢"，你就会感到很受伤。

如果你是派对焦点，孩子们玩耍的时候一定会想到你。从积极的一面来看，你擅长营造让孩子们和谐相处的家庭氛围，兄弟姐妹之间很少发生口角、冲突，家里欢声笑语不断。你会在适当的时候给予孩子鼓励，当孩子参加校园活动时，你总是第一个冲上去为他们加油鼓劲。当女儿因挫折灰心丧气，需要鼓励时，她会第一时间想到你。当儿子想要买一件东西但另一位家长不同意时，他也会悄悄去找你，你几乎每次都会答应他想买新玩具的请求。

但从消极的一面来看，如果你突然宣布要举办一场家庭聚会，然后要求家里的每一个孩子都来参加，你恐怕要大失所望了。活泼外向、喜欢社交的孩子显然与你更合得来，因为你们都喜欢参加聚会；而那些内向、严肃的孩子则会对社交活动敬而远之，至少在很长的一段青春期内都会如此。因为在他们眼里，你时刻想站在聚光灯下成为聚会焦点的性格会让他们感到难堪。每一位处于青春期的孩子，即使再内向也会希望被人关注。因为你和孩子都有吸引他人关注的目标，或许在孩子心里，你俩已经"大打出手"了几百回合。

如果你的孩子总是以自我为中心，可能根本不把家长放在心上，更别提欣赏和崇拜家长了。一旦你因为缺乏条理性错过重要的事，或者在关键时刻把事情搞砸，例如忘记在孩子的暑假通知书上签字或者忘记及时缴纳电费导致家里突然断电，你那副"别担心，这又不是什么大不了的事"的态度就会激怒你的孩子。毕竟，你是他们的父亲或母亲而不是玩伴，该做的事没有做到，还以满不在乎的态度面对孩子难免会令他们生气、沮丧。

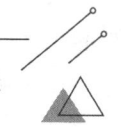

亲子互动的思维陷阱：以父母为主导

通过思考，你已经清楚了自己的人生信条是怎样形成的，并且明白了这些人生信条又是如何影响你的教育方法的。接下来我们需要进一步评估亲子之间的互动方式，毕竟，它们与孩子未来的成功息息相关。

在教育子女时，我们很容易落入以下思维陷阱：

- "要么听我的，要么滚蛋。"
- "做事只有一种方法——正确的方法。"
- "我为他们做得越多，他们就会取得越高的成就。"
- 我必须要先和孩子做朋友。

如果你遵循上述教育观念去教育孩子，会在不知不觉中阻碍孩子的发展，导致他们很难取得成功。

我们有许多好办法来改正这些错误的教育观念。以权威型家长的姿态坐在驾驶位，掌控这辆名为"家庭"的汽车，同时打造出一种彼此尊重的相处模式，全家人一起工作、一起玩耍，培养孩子的家庭责任感。在此过程中，一旦发掘出孩子独特的、此前从未表露过的兴趣，沟通的大门就会向你敞开。你驾驶着"家庭"汽车，一直行驶在正确的道路上，注视着你的孩子从小婴儿一点点长大，慢慢成长为小学生、初中生、高中生，直到你一边含泪送他走出家门读大学或者参加工作，一边感慨岁月如白驹过隙。

无论你在为人父母的道路上走了多久，曾经犯过多少错误，也无论你的孩子年龄多大，他们是你亲生的、领养的还是继子/女，请从今天开始，与他们一同开启一段全新的旅程。

想要培养孩子永不服输的精神，从而改变整个家庭的面貌吗？从改变你说出口的话开始吧！即使极小的改变也会产生巨大的影响。

在说话或行动之前，倒数 10 个数

小时候有人告诉我："在开口的前一秒意识到即将说出的话会令自己后悔之前，数 10 个数。"

对那些情绪化的人来说，这是一条有用的建议。你可能需要从 10 开始倒数："10、9、8……"

有时候你不确定自己该说什么、不该说什么，那么在情绪被控制之前索性什么都不要说。在倒数完成之后，如果必须要说些什么的话，不妨试试这样讲："我不太确定刚刚发生了什么，又是怎么发生的。我觉得我们俩都应该花几个小时好好想想，然后再来讨论这件事。"

发挥鼓励的作用

作为父母，你拥有一种丰富的"有机物质"，其价值比白银更高，堪比黄金，那就是"维生素 E"。但这种维生素 E 在药店里找不到，它的全称是鼓励（encouragement）。正如我们的朋友瑟斯（Seuss）博士所言："如果给予孩子大量的鼓励，他将走到你目所不能及的地方。"

你无须成为一位语言大师，培养孩子永不服输的精神从这几句话开始，你只需要大声把它们说出来。

"干得漂亮！"

很简单吧？既然你很快掌握了这句话，那么不妨进行更多的尝试。

- "哇！你做到了！"
- "你完全靠自己解决了这件事。"
- "你让我感到惊讶。"

- "你做得太棒了！"
- "你真的很贴心。"
- "你今天的表现真让我高兴。我原本以为下班回到家后还有凌乱的屋子等着我收拾，但令我惊喜的是，房间居然一尘不染！是你让房子保持干净整洁的，对吗？谢谢！"

这些简单的话语不仅能让孩子感到开心，同时也打开了你们彼此看上去仿佛紧紧关闭的心扉。

发现孩子的闪光点

家长要牢记一个简单的事实：孩子想要取悦你。孩子的想法有时候很天真——如果妈妈和爸爸开心了，那么所有人都会开心。孩子就像动物园里的海豹，拍打两肢，用鼻子顶球，变着花样想要逗你开心。这时候，如果你扔给他一两条鱼作为鼓励，他接下来的行为一定会令你惊讶不已。

你鼓励孩子的频率越高，他调皮捣蛋的次数就越少，因为他已经不需要通过"做坏事"来吸引你的注意力了。在家庭事务上，越多地征求孩子的看法和意见，他就会越少地抱怨和发牢骚。为什么？因为在制定家规时，他也有发言权，而非仅仅被动地接受命令。

稍微注意一下和孩子说话时的语气和用词，这可能会给你带来比预想中更好的改变。孩子和你交谈时不必如履薄冰、心惊胆战，担心哪句话会惹你不高兴，他可以随时随地找你谈论任何话题，寻求你的意见。一家人和颜悦色地相处，斗嘴的情形大大减少。

如果你的孩子还是个小婴儿，他会在一个充满肯定话语的家庭中成长，这个"巢穴"是全世界最安全的地方，孩子在这里学习什么是责任、如何承担后果。

如果你的孩子正在上小学，在看到自己家的相处方式和朋友家的不一样时，他可能会在周末和小朋友们就此现象开展有趣的讨论。

当孩子上了初中，他会敢于发声，建立起自己的交友圈。但在意识到人生不总是公平和公正时，他仍会向父母倾诉。父母关心孩子的兴趣爱好，在孩子因为青春期躁动走上歧路的时候，为他留出回旋的余地，教导他为自己的行为负责。

当孩子步入高中生涯，即便偶尔会觉得你老土得像来自侏罗纪时代，但在他需要的时候，也还是想找你聊天，征求你的意见，因为你不会对他进行说教。经过父母指点迷津，他已经明确下一步该怎么走，之后，他或许会经历一两次失败，或许会取得值得庆祝的成就，然后思考自己具体要达到怎样的人生目标。在这一过程中，他清楚地知道自己走过的每一步路都有父母陪伴在身旁。你既不是孩子人生的"急救员"，也不会强迫孩子按照自己的规划走。相反，你从未限制他，你允许他以自己的方式追寻梦想。

从这个星期开始，不要再死死盯着孩子的错误不放，尝试发掘他身上的闪光点。接下来，大胆地开口，扔给他一条"鱼"作为奖励。一旦习惯了，你会发觉这其实没什么难度。

而接下来，孩子们为你表演的所有节目，都将证明你的一切努力都是值得的。

如何帮孩子实现自己的理想

成功的定义对于每个孩子来说都是不同的，这取决于他们的个性、天赋和信仰。定义不同，自然标准也不同，不存在达到过一次就万事大吉的成功基准线。作为家长，你的任务是培养孩子，帮助他们取得成功，而不是打着"为他好"的旗号逼迫他们做某事。

一旦打好了品格、行为、尊重和永不服输的态度这 4 个基础，孩子成年后在人生的各个领域都将获得更多的机会以取得成功。

她将成为左邻右舍敬重的母亲。他将成为正直的商人。

> 作为家长，你的任务是培养孩子，帮助他们取得成功，而不是打着"为他好"的旗号逼迫他们做某事。

她将成为本地某知名企业的负责人。他将成为资助儿童医院建立的慈善家。

她将成为幼儿园特殊教育的老师，为耳聋的孩子设计专门的课程。他将成为一位以勤奋工作而著名的建筑从业者。

他们每个人都拥有宽广的胸怀，面对困境永不言弃，对待那些在生活中苦苦挣扎的人们，他们毫不吝啬自己的时间和资源。他们所拥有的物质财富一丝一毫也无法同他们宝贵的心灵相媲美。

这才是值得我们去追求的成功。

[秘诀四]

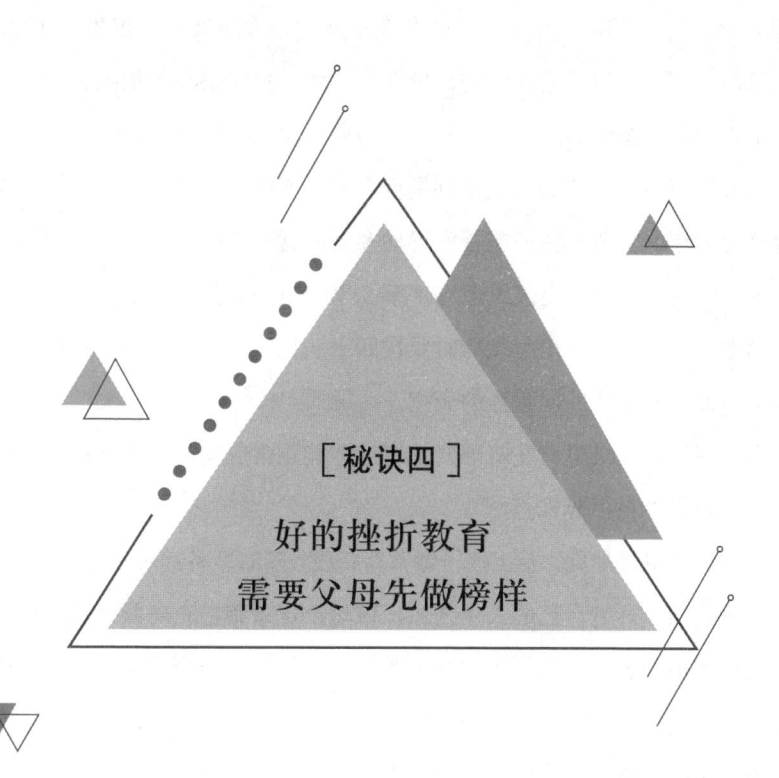

好的挫折教育
需要父母先做榜样

如果你最近用过苹果手机，就一定知道苹果公司的创办者兼首席执行官是史蒂夫·乔布斯（Steve Jobs）。很多人不知道，乔布斯先生出生于1955年，他的母亲生下他的时候还没结婚，只有十几岁，只能狠心把他抛弃，随后他被一个工薪阶层家庭收养。毫无疑问，乔布斯先生天赋异禀、聪明绝顶，倘若收养他的人家境殷实，他的人生轨迹是否会发生变化呢？如果未能在小小年纪就懂得努力工作的价值，他还能否取得如今的成就？

我们不妨换一种角度来思考这件事：坐飞机的时候，每个人都会祈祷飞机平稳落地，但你希望飞机起飞的时候也四平八稳吗？我不希望。我想让飞机迅速脱离地面，安全地冲向蔚蓝的天空。

众所周知，飞机只有在坚硬的跑道上才能正常起飞，若把跑道换成松软的地表，飞机根本飞不起来。

教育孩子也是如此，要让孩子像蓄势待发、随时准备冲破云层的飞机一样，怀着必胜的信念开启自己的人生之旅。诚然，这条跑道有时候会非常坚硬，但足够坚硬的地表有助于孩子更快速地起飞。即便旅途中会发生颠簸，但他不会轻易灰心丧气，反而更享受这段旅程。

家长要想让孩子以这种态度对待人生，就要从自身做起。虽然并不存在十全十美的父母，也不存在十全十美的孩子，但作为家长，你仍旧是孩子最好的榜样，你向他们展示了什么才是人生真正的成功。有时你可能没有意识到这一点，但孩子一直在注视着你的一举一动。

你怎样做，孩子就会怎样做

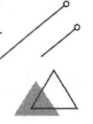

你的生活自律吗？你的言行举止是否体现出处理事情时要分轻重缓急？

如果你教导女儿金钱不是万能的，人生中还有其他更重要的事情，比如和家人共处的时光，那么你会每天都按时回家吃晚餐吗？还是接受升职安排，继而大多数时候都工作到很晚？或者你接受升职是为了赚更多的钱，就可以再买一辆车、给女儿买16岁的生日礼物、去度假或者支付她的大学学费？

你能否说到做到？你是否经常发脾气，容易不耐烦？

你告诉孩子不要捉弄小狗，它不喜欢那样，但孩子们依旧我行我素，你是会帮他们找借口，说："他们只是孩子，在玩耍而已，我想小狗玩得也挺开心的。"还是会坚持你最初对他们提出的要求，告诉他们："我说了，不要捉弄小狗。既然你们还是决定这么做，那我就不能带你们去吃冰激凌了，你们两个就和奶奶待在家里吧。"出门之前记得提醒奶奶，无论两个调皮鬼怎么央求，都不要给他们吃零食。

当遇见了非常棘手的事情，你是会按时完成任务，还是会拖延？如果你讨厌打扫房间，家里满是灰尘和猫毛，你可能就没什么立场"鼓励"儿子清理他恐怕要穿上防护服才能进入的卧室。如果你总是忘记查询信用卡账单，一直拖着不还款，直到银行工作人员给你打电话，你却心安理得地责怪孩子没能按时完成数学作业，这公平吗？

每个人都需要榜样，他们向我们展示成功的人生是什么样子的。而你的孩子心目中已经有了这样一位无与伦比的英雄，那就是你。这也解释了为什么是你，并且只有你，才能让孩子未来的一切变得不同。

如何向孩子传递积极的价值观

为什么我让你仔细观察你父母教育子女的方式，思考你如何受该方式的影响，以及你在孩童时期接受的教育对你后来的教育方式又造成了怎样的影响？因为你就是孩子们效仿的对象，你的生活方式告诉孩子他们应该怎样过自己的人生。实际上你的一举一动一直在给他们"上课"，但你可能完全没有意识到这一点。

专制型家长

如果你是喜欢发号施令的专制型家长，你无意中告诉了孩子3件事。

首先，**成功意味着掌控一切**。如果你的儿子不能指挥或者命令身边的人做事，那么他基本上就毫无价值。

这不是你的本意，对吧？

并不是每个孩子都想像父母那样对他人发号施令。孩子有自己的想法，无论他们的人生是激烈的摇滚乐、轻柔的摇篮曲、悠扬的民谣还是轻松俏皮的小调儿，家长都应允许孩子按照自己的节奏演奏。

其次，**你要不择手段地成为领头羊**。如果你的孩子不是令同龄人尊敬、崇拜甚至有点畏惧的领头人物，那么他就一无是处。

莱曼博士的 10 秒钟解决法

问题：我问儿子未来有什么打算，他直接回答我"能活着就行了"，然后转头继续在网上"冲浪"。这样我还怎么和他沟通别的事情？

答案：孩子和丈夫一样，都讨厌被问问题，尤其是在他们专心致志地在网上"冲浪"的时候，即便他们看上去好像无所事事。

要想开展对话，最好的办法就是坐在孩子身旁，对他说："看到什么有意思的东西了？可以和我分享一下吗？"

第一次他可能不会上钩，别放弃，继续表现出你对他关注的事情的兴趣，但不要步步紧逼。"再多跟我讲讲"就是一个不错的开场白。

当你主动提起他爱好的领域，而不是尝试将他拖入他不感兴趣的对话中以配合你的步调，你会惊讶地发现孩子眼中的世界原来是另一个样子。

他会一直处于人生阶梯的底层，认为竞争就是人生的一切，同情心和团队合作专属于失败者。

孩子如此定义的成功是你想要的吗？如果是的话，你为他们打造的必然是一个充满伤害、失败以及挫折的世界。

虽然一家公司只能有一位首席执行官，但这并不意味着其他员工就毫无价值。每个人所扮演的角色都是维系公司良好运转的必要组成部分。每位员工都能找到属于自己的独特的位置，满怀喜悦、充满热情地发挥自身能力。

那些坚持让孩子站在"神坛"上供全世界仰望的父母实际上承担着极大的风险，因为孩子很有可能被一阵大风刮倒在地。适当的竞争可以成为前进的动力，但连续不断的强迫性竞争只会把标准抬得越来越高，没有哪个孩子可以达到这个标准。孩子知道，无论自己做什么，都达不到爸爸妈妈的要求，总觉得让他们失望了。根据孩子的不同性格，这种教育方式可能会导致以下3种结果。

第一种结果：他会竭尽全力满足你的期待，通过努力学习取得了不错的成绩，还拿了一些奖，这些经历让他的简历看起来很漂亮，但与此同时，孩子在重压之下可能会患上溃疡或者其他身体疾病。

想知道为什么各科成绩都很优异的学生会在考试的时候作弊吗？让我们来听听德温（Devin）的回答。

"我只想让爸爸高兴。对他而言,没有什么比我取得好成绩更重要的了,他希望我上大学后凭借优异的成绩申请到奖学金。"

就连不擅长的科目的考试德温也取得了优秀的成绩,然而两个星期之后,他和另外两个学生作弊被发现,继而被他就读的私立高中开除。显然,他爸爸不会因这个结果感到高兴。

比孩子为了让家长高兴而选择作弊更糟糕的是,好胜心极强又喜欢发号施令的家长决定帮助孩子作弊,无论孩子是否知情。想想 2019 年爆发的大学招生丑闻,好莱坞明星、大学招生管理人员和教练被曝在考试中造假、捏造事实。例如谎称孩子是学校体育队的成员,通过贿赂相关人员送孩子进入名校。这些孩子无疑被自己最信任的人背叛了。家长的所作所为就像在说:"我不认为你能凭自己的实力考上名校,你需要我们帮你才能上好大学。选错了学校你的人生注定失败,为了让你能去那些有竞争力的学校,我们甚至可以选择作弊。"毫无疑问,那些孩子不论现在还是未来都要为父母的错误行为买单。

这种卑鄙、肮脏的手段造成的后果,无疑给所有控制欲极强的父母敲响了警钟。如果孩子不能凭借自己的实力考上心仪的大学,只能说明他们适合去其他的学校。不要坚持让孩子上某所特定的大学,你已经过了考大学的年纪了,这是孩子们的学业。

孩子的人生不是你重新生活的机会,让他们在自己所选择的人生舞台上绽放光彩吧。

> **孩子的人生不是你重新生活的机会,让他们在自己所选择的人生舞台上绽放光彩吧。**

第二种结果:表面上他会满足你的期待,但背地里却会反抗。在你看不到的地方,在只属于他自己的小天地里,他或许做了一些令你无法接受的事情。

类似的事情曾发生在我眼前。在杂货店里,一位母亲训斥她 8 岁的儿子:"我告诉过你了,在商店里,我希望你好好表现。不然的话,你知道后果的。"

儿子立刻回应："我知道了，妈妈。"

当母亲推着购物车转过拐角后，男孩在原地停留了一分钟左右，我看到了他的表情。他小声阴阳怪气地把母亲的话原封不动地重复了一遍，说完还朝她的方向挥了挥拳头，做完这些才迈步跟上。

母亲转过身问道："你怎么还不跟上？"孩子一本正经地答道："这就来，妈妈。"

几年后，这个孩子上了初中，同龄人环绕在他周围的时间比他与父母相处的时间要多，他为了合群，只能随大流。你觉得这时他会背着母亲做出什么事情来？而等他年龄更大一些，拥有更多自主权之后，又会做出什么事情？

来办公室找我咨询的正是这样的孩子的父母，他们绞着双手，问道："我们到底做错了什么？"

第三种结果：他会屈于压力，不仅对你表现得百依百顺，其他任何对他发号施令的人都可以摆布他。

在一个并非所有人都会关心她是否幸福的世界里，这种表现造成的后果无疑是一场灾难。她不断地尝试，然后一次次失败，直到完全放弃；凡事得过且过，随波逐流，对待作业马马虎虎，在学校受欺负也不会为自己挺身而出。毕竟，他还不够优秀，做什么事情都会出错，就连床铺都不能按照父母的要求收拾好，那他还有什么勇气尝试其他事情呢？

她只想避开"监视雷达"，躲过家长的"鹰眼"，尽快逃离他们的掌控。但即便如此，他还是会觉得自己毫无价值，比不上任何人，什么都做不好。

信奉完美主义对于任何孩子来说都相当于慢性自杀，因为它所带来的不过是一日比一日更沉重的压力。逼迫孩子成为完美的人并不能让他变得更加成功，相反，还会对他造成各种各样的伤害。

挑剔的父母经常对孩子说："你最好能让我感到骄傲。"而这一句简单的话语实际上承载了巨大的负面压力。它听上去更像是一种威胁："你最好不要让我失望或者令我难堪，否则你余生都要为此付出代价。"这样做的父母无疑暴露了自身的不安全感。每个孩子都有犯错的时候，人生就是如此。

如果父母是吹毛求疵的人，孩子多半会拖延完成手里的工作，担心就算完成了家长也会认为自己做得还不够好。

父亲的批评会进一步恶化孩子对自己的认知。即便犯了芝麻粒大小的错误，孩子也会遭到无情的斥责。但凡孩子把事情搞砸了，父亲就会记这件事一辈子，以至于孩子根本无法以健康的自我价值观面对新的境遇。

她觉得自己永远比不上完美的母亲。即便老师表扬她"做得很棒"，她也认为那不过是客套话。

他的自信心基本为零。就算碰巧获得了一份相当不错的工作，还是他擅长的会计领域，他也一直等待着被裁员的那一天。因为父亲说过，他就是一个失败者。

在专制型家长给予的压力下长大的孩子，多半会以某种形式进行反抗。他们可能会举止粗鲁、和兄弟姐妹吵架甚至在学校里打架。上大学后，他们与老师或者学校管理人员的关系也好不到哪儿去，更别提实习和找工作的情形了。还有的人可能表面上看起来安分、有合作意识，但内心却十分胆怯——因为害怕失败或担心让父母失望而不敢尝试任何新鲜事物。

如果你是经常对孩子发号施令的专制型家长，那么你无意中告诉孩子的最后一件事就是：**你太笨了，所以没办法自己做决定**。你总是告诉孩子要做什么、该怎么做、什么时候去做。你的每一次提醒都相当于在说："你这么笨，我不相信你能做出正确的决定，所以我必须帮你把这件事做好。"

但问题在于，要想让孩子成为负责任的人，你必须给他培养责任感的机会。如果父母代替子女做他本应该自己去做的事情，他就什么也学不到。成长中的孩子偶尔做出错误的决定是再正常不过的事情，但倘若因噎废食，完全不给孩子自己做决定的机会，那孩子就会缺乏做决定的能力，更学不会如何做明智的决定，继而无法独立思考、灵活应变。

对孩子关怀备至不如让孩子自己长教训

没有人喜欢做错误的决定所带来的后果,但这些后果却是孩子最好的老师。一旦结果让孩子感觉到难受,他下次就不会再做同样的决定了。让你的孩子在舒适的家庭环境中就"品尝"到这些后果,难道不比他离开家后,在更广阔的世界里挥动自己的翅膀时才有对这些后果的切身体会要强得多吗?

虽然放松管控和降低要求很难,但是时候让孩子做出他这个年龄段该做的决定了。

你可能不喜欢 15 岁的女儿穿那件超短裙,但如果那天刚好狂风大作,她可能不用你说就会重新考虑是否要穿一条打底裤。

在要求 4 岁的儿子收拾玩具的时候,就算你不喜欢他的做法,也该允许他使用自己的整理方式。

给孩子们自己做选择的机会,他们将更加清楚如何过上成功的生活,这比你开口说"你需要……"或者"你应该……"效果好得多。

纵容型家长

如果你是那种会帮助孩子扫清前路障碍的纵容型家长,你的举动向孩子传达了以下 4 件事。

首先,**成功意味着你就是世界的中心,所有人都要围着你转**。纵容型家长养育的孩子易患上我称为"SBS"的"被宠坏了的孩子综合征"(Spoiled Brat Syndrome)。这些孩子是可以逃避一切麻烦的小王子、小公主,他们完全统治了家庭,毕竟他们有这个能力。一旦改变了他们的日常惯例,接连几个小时你的耳根都清净不了。因为早已习惯了整个家都围绕着自己转,所以他们根本适应不了自己不在世界中心。

大嗓门的孩子最容易引起你的注意，因为你的耳膜经常被他们吵闹的恶作剧震得嗡嗡作响。你满足他们的要求，只为让他们安静下来，不至于在朋友或邻居面前难堪；或者你只想在餐桌前度过一段平静的时光，什么也不用想，什么也不用说。

但你不要被迷惑了。那些看起来"害羞"或者"安静"的孩子操控起大人来也得心应手，他们把那套引发家长愧疚感的招数玩得更加熟练。如果没得到自己想要的，他们就会开始眼泪攻势。他们对此屡试不爽，尤其喜欢对爱讨好人的妈妈用此招数，让妈妈满足他们的要求；而对付起爸爸来也很简单，爸爸会在女儿的恳求和她含泪的双眼前败下阵来。

纵容型家长教育出来的孩子往往高度以自我为中心。因为他们已经习惯了按自己的意愿行事，他们尚未学会如何关心他人，对陷入困境的人缺乏同情心，更不会慷慨解囊。他们往往不会或懒于社交，除非为了从他人身上获取什么东西。

他们总觉得自己就是老大，经常对别人吹毛求疵、评头论足，对自己却十分宽容，所以别人无法信赖他们，他们的人际关系也不长久。为了继续享受老大应有的权力，他们会不择手段地保住这个位置。在纵容型家长的抚养下长大的孩子，成年后可能会在生活中至少某一方面表现得毫无节制，例如暴饮暴食、参与打架斗殴，甚至赌博。

综上，如果从小教育孩子只有自己才是最重要的，其他人一文不值，对孩子和父母而言都有害而无益。在孩子很小的时候依照以自我为中心的想法做事可能无伤大雅，但他这种以自我为中心的性格迟早会把你逼疯，或者让你和伴侣产生隔阂，毕竟伴侣也许并不赞同你的教育理念。

而当他的兄弟姐妹同样需要父母的关注时，又会发生什么？当你的孩子走进一间屋子，屋里全都是接受了类似教育的孩子，恐怕他们之间难免会爆发一系列冲突。在这种局面下，班级负责人会告诉你，你的孩子要学会出力干活、帮助他人和分享玩具。

世上的每一个人都是独一无二的，但他们都不是宇宙的中心。孩子越早意识到这一点，对他们自身、你以及与他们接触的每个人都越好。

当下次家里的"小公主""小王子"为了吸引你的注意力开始她/他"盛大的表演"，对你装傻卖乖、撒娇求饶时，不要上当，不要停下手头正忙着的事，或者自己找点事情做，总之不要闲下来。边忙自己的事边告诉她/他："我知道你现在想做什么，但妈妈暂时很忙，我在帮你弟弟准备明天带到学校吃的午饭，所以即使现在你迫不及待要我陪你玩耍，也需要等待。如果你愿意的话，可以帮我把放在橱柜里的午餐盒拿出来并清洗干净。不然的话，你就自己找点其他的事做。"这样说并不会要了她/他的命。

然后，你继续准备便当。耳边环绕的牢骚、抱怨或者"你不爱我了""这不公平"一类的试图激起你的愧疚感的话语一概无法让你停下手中的活。最好把耳机戴上，听你最喜欢的音乐，完全把那个小祖宗的声音隔绝在外。

其次，**因为你能力不足，所以我必须帮你把事情做好**。这一点和专制型家长非常类似。因为专制型家长和纵容型家长都希望掌控孩子，只不过方式不同而已。专制型家长对孩子发号施令是因为他们需要掌控一切，而纵容型家长则希望消除所有可能对孩子造成伤害的障碍。

如果你替孩子做了本应他们自己动手去做的事情，相当于你默认他们没有能力完成这项任务。对此，纵容型家长非常擅长找借口，比如：

- "我知道你累了，需要睡一会儿，所以我替你做了那件事。"
- "噢，你不需要做那件事，我帮你解决，你还有很多其他的事情要做。"
- "我知道你们的科学展览活动就要开始了，但你没有时间准备，别担心，我帮你准备了一个关于研究恐龙的模型，你只需在"恐龙岛"上再添加一些塑料树木就完成了。"

不管借口听起来是否合理，最终父母都替孩子完成了本应由孩子自己去完成的事情。

然而，孩子需要通过自己动手完成这些事情才能获得参与感，才能真正体会到独属自己的成就感。他们需要经历高潮和低谷，感受因出色完成任务而带来的喜悦之情和实验不成功产生的沮丧感。当事情未按计划进行时，他们要学会利用发散思维进行思考，并在这一过程中培养耐心、提高灵活性、提升自我价值。如果在学龄阶段没有学会如何解决问题，等他们出了校门，走入社会，还能去哪里学习这一关键技能呢？

由此看来，家长帮孩子做事、替他们解决问题对他们来说没有任何好处。

> **家长帮孩子做事、替他们解决问题对他们来说没有任何好处。**

再次，**在任何情况下，我都不想让你感觉不便、有压力或者不舒服**。你是否曾经感到不便或者很有压力？那么，为什么你的孩子不能体会这种感受？你的生活一直很舒适吗？如果不是的话，为什么你的孩子一定要过舒适的生活呢？生活可不是一条"安乐街"（Easy Street），不是每个人都能按照自己的意愿和想法做事。如果你给孩子提供的是这种生活体验，那么他将无法化解冲突、应对变化的环境以及解决所有他意料之外的"麻烦"。

让孩子去亲身经历、品尝后果对他们来说大有裨益。让孩子感觉到不舒服才会诱发他们发生改变。在感到不适时，他们便学会容忍、谦虚、更有耐心和其他基本的优良品质。

下次孩子写不完作业时，别去帮忙。没完成就是没完成，作业交晚了就是交晚了。如果他发脾气，大吼大叫道："你为什么不帮我了？你之前一直都帮我写作业的，为什么这次就不行？"你平静地回答："嗯，这个问题不该问我，这毕竟是你的作业。祝你好运，明早见。"然后转身离开。想必今晚你会比平时睡得更好，因为你远离了他的"火力范围"。

第二天一早，无须对他的黑眼圈或者坏脾气进行任何评价，也不用理会他的冷嘲热讽。你只需说"晚上见"，在他出门去上学时微笑着同他挥手告别。

让他亲身体会没能完成作业的后果，在老师和同学们面前感到难堪并不会要了他的命，但下次他就会按时完成作业了。

出其不意地改变孩子习以为常的惯例不是什么坏事，毕竟太阳每天东升西落，并不因他的存在而改变。及时从现实中吸取经验教训将大大提高他未来取得成功的概率。

最后，看着我，我可以为你献出生命。如果你是一个"海绵保护垫"，人生唯一的目标就是让孩子开心，那么你在行动之前就已经失败了。没有哪个孩子可以一直开心，无论你怎么尝试，这都是不现实的。一直在孩子身后充当"海绵保护垫"也不会让他们在学校、职场中取得成功。事实上，你反而会害了孩子。

如果家长表现得像位殉道者，会促使孩子像对待"保护垫"一样对待他人。没有人会尊重一个"保护垫"。比起"人"来，"它"更像是一件"物品"，可以随意踩踏，唯一的用处就是将孩子和荆棘隔离开。

不要让他人利用你，甚至"虐待"你。你不应被这样对待，哪怕他们是孩子也不行。腾出时间享受自己的生活并非自私的表现，相反，你为孩子树立了自律的良好典范：家里每个人的需求都很重要；学校里的每个人都是平等的；在职场中，每一位同事都有自己的职责，大家团结一心才能共同完成任务。

不要因为你渴望被需要就把孩子拉下水，这样只会把孩子"养废"。不受历练，他们又怎么变得坚强、有毅力呢？

权威型家长

如果你是一位权威型家长，在解决关键问题时能够占据家长的主导地位，同时允许孩子做适合他们年龄的选择，给予他们一定程度的自主权，那么你的行为就相当于告诉了孩子5件事。

第一，**我相信你有能力，你可以做到**。永远不要低估给予孩子信任所产生的力量。翻阅任何一段对成功人士的采访，都能看到他们曾说："我能有今天的成就归功于有人相信我做得到。"

如果3岁的女儿正在学习系鞋带，首先家长要相信她可以成功，不要一上来就替她系好。如果她无从下手，可以教她一些打蝴蝶结的技巧，并鼓励她动手尝试，她一定学得更快。

如果13岁的女儿开始对时尚着迷，想把从二手店买来的衣服改造一番并穿去上学，为什么不支持她呢？这样做既省钱，又培养了她的创造力。

如果她对缝纫感兴趣，就从地下室找出那台放了很多年的老式缝纫机，扫去上面的灰尘，把它交给她。如果她决定从邻居那儿收集碎布料，为本地的一家福利机构制作简易衬衫，告诉她："这主意真棒！我很高兴你拥有一颗慷慨之心，并勇敢地接受了这个挑战。充分发挥你的创造力为生活困难的人们做些事情吧！"

莱曼博士的10秒钟解决法

问题：给孩子多少东西才算足够？我们夫妻俩小时候家境不好，但我们通过努力工作过上了舒适的生活。可是我们给儿子的好像还不够。他总是想要更多的东西，如果我们给不了他，就会觉得自己作为父母非常失败。所以我们该如何判断自己是给多了还是刚好足够？

答案：如果父母出身贫寒，往往会过度补偿孩子。但长时间处在"给我"（gimme）文化背景里的孩子，并不会因为你给他们买东西就心怀感激，有求必应的生活使孩子就算已经拥有了一切也不会感到满足。

你们已经为儿子提供了一日三餐，让他有房子可以住、有衣服可以穿，还享受着良好的教育环境，这种生活已经超过世界上的许多孩子了。事实上，但凡在这基础上再多给予他一些东西，都能让他成为"幸运之王"。

是时候让这种"给我"的态度消失了。你儿子需要的是懂得感恩、谦虚、为社会做贡献以及了解金钱的价值。

在周围寻找机会，下一次家庭活动可以选择去养老院、福利院、动物收容所帮忙。无须提前通知孩子，直接带上他出发，时间最好挑在临近中午大家都饿着肚子的时候，饥饿感会让体验更加真实。

为养老院的老人做一顿饭，坐下来和他们一同用餐。和身上有残疾的孩子做做游戏，和他们度过愉快的时光。为收容所的动物清理清理身体、打扫打扫院子。被你惯坏了的儿子一定不喜欢做这些事，但是，人人必须要做的那些事情，每个人都会喜欢吗？他需要尽早意识到宇宙并不围绕着自己转，世界也不是为了让自己感到舒服而运转的。

每个星期你都要准备一个信封，在里面装好儿子下一周的零用钱。在给他本周的零用钱之前，叫他陪你一起去杂货店，给那些生活困难的家庭买些东西，然后你们一起把东西分发出去，记得保留收据。等他拿到装零用钱的信封时，会发现里面装的是收据，而不是现金。

同样地，无须事先和他打招呼，也用不着威胁或者说教。当然，他肯定会大吃一惊，接着会生气。毕竟，他会认为你未经他的允许就用了他的钱。但如果没有你的话，他其实一无所有，不是吗？

等他平静下来询问你原因的时候，直截了当地告诉他："最近，我们发现你想要的东西越来越多，我们给你的东西也越来越多。这是我们的错。我们小时候家境不好，所以想要尽量满足你，给你更好的。但这样做无法让你意识到不是每个人都拥有你所拥有的东西。就拿汤森德（Townsend）女士举例……"你把他最近遇到的人和他们的故事讲给他听。

听完这些故事后，你的儿子会发现自己那个星期的零用钱能让3个饥饿的家庭吃饱饭。当他回到自己挂着平板电视和塞满一冰箱食物的"豪宅"中，愧疚之情就会油然而生。

适当地利用孩子的愧疚之心，会使他们发生巨大的改变。无须说教，只需让他们拥有一次"站在他人立场上"的体验。让现实说话，家长和孩子都能从中获益。

只要你愿意相信他们，他们会飞得更高。你看，如果没有我妈妈始终如一的信赖，我不会成为今天的自己。

第二，我毫不怀疑你有能力做正确的选择。权威型父母总会寻找合适的时机表达对孩子能力的信任，他们不会被动地等待教育孩子的机会降临，而是主动为孩子创造参与决策的机会。他们寻找的便是我称之为"机会教育"的教育过程——让现实说话，无须家长多言。

让现实代替你的说教，孩子吸取的教训会深刻得多。许多孩子会"选择性失聪"——一旦发觉妈妈或者爸爸要开始说教了，他们就立刻"关闭"耳朵，那些无意义的应答声只不过是他们在假装回应你罢了。

如果是孩子自己做的决定，他们就无法推卸责任，必须自己品尝后果。

举个例子，你四年级的女儿坚持要参加夏季足球训练营，而你很清楚，一旦她发现训练营每天的活动只有大量的奔跑和踢球练习，除了疲累的训练，更多的时候则是站在场地里无所事事，不到一个星期她就会退出。然而，她的朋友都参加了，她不想不合群，但你的预算只负担得起她一项暑假活动。

你对她说："这个暑假，我们只能为你支付一项活动的费用。如果你选择了足球，假期就只能踢球，不能像去年一样去夏令营了。"

起初她兴奋极了，因为她得到了自己当下想要的。但正如你预料的那样，她很快厌倦了足球，想要退出。

你耸耸肩道："好吧，你决定就好，毕竟这是你的活动。"

"所以，我可以退出？"她问道，她仿佛看到了丰富多彩的夏令营活动在向她招手。

"当然，只要你愿意，随时可以退出。"

于是，她退出了足球训练营，然后和你说想去参加夏令营。

而你回答道："如果你在开营前能筹集到所需的费用，比如报名费、餐饮费、服装费以及交通费——我猜油费大概要 300 元，你当然可以去。"

她忽然意识到了什么："等等……你每年都帮我付夏令营的费用的。"

"是的，没错。但今年你自己选择了去踢足球。"语毕，你转身离开。

你的女儿不想错过暑假活动，询问教练能否让她回去踢足球。你提前和教练打好招呼，告诉教练要给孩子好好上一课，所以教练也表示不能召她回球队。于是，那个夏天，她只能徘徊在足球场外围看朋友们踢球了。

她肯定会不太开心，但与此同时，她也吸取了宝贵的人生教训，她将这一课牢记于心。即便她年纪尚小，但再做选择时她将更加明智。

我猜，许多年后，等她有了自己的孩子，还会把这个故事讲给他们听，希望借此培养孩子具备她"理想品格清单"上的特质。

第三，**我会一直尊重你，因为你值得被尊重**。权威型父母培养出来的孩子拥有良好的自我价值观，因为他们的父母就是如此。唯有先给予孩子尊重，他们才能明白到底什么是尊重。

你是否为孩子树立了榜样？

- 说到做到。
- 给予孩子无条件的爱。
- 会说"我爱你"。
- 告诉孩子你欣赏他哪些地方。
- 承认自己的错误。
- 会说"对不起，请原谅我。"说出这句话会产生意想不到的效果。
- 效仿你想让孩子成为的人。

尊重自己、尊重他人是人生成功的基础。学会尊重有助于构建健康的人际关系，提升孩子消化新事物的能力，发掘自身天赋。

权威型父母会给予孩子一种他们想要的东西——"无罪推定原则"（在被证明有罪之前，嫌疑人是无辜的）。举个例子，如今 27 岁的布罗迪（Brody）还能够清晰地回忆起自己 4 岁时发生的一件事。

他的家里养了一条名叫西摩（Seymour）的宠物金鱼，布罗迪尚在襁褓时它就是这个家庭的成员了。有一天，母亲和姐姐正在制作绿色糖霜，布罗迪决定往西摩的鱼缸里也放几滴（好吧，是许多滴）绿色的可食用染料。

不出意料，那条金鱼的鱼鳃变绿后没多久就死了。

当母亲看到鱼缸里绿色的水和那条垂死挣扎的金鱼时，马上就明白了是谁在"做试验"。但她没有像普通的家长那样，朝布罗迪大喊："布罗迪，马上给我过来，解释一下这是怎么回事……"而是主动坐在布罗迪身边，问道："我看到你往西摩的鱼缸里加了些绿色的东西，能告诉我这是怎么回事吗？"

布罗迪兴致勃勃地解释了原因："今天是圣帕特里克节（St. Paddy's Day），我们全家都会穿上绿色的衣服，吃绿色的食物。"小布罗迪希望心爱的西摩也能加入派对当中，但他并不知道那缸颜色艳丽的水会导致宠物死亡。

布罗迪永远不会忘记母亲解决问题的方式，这件事一直提醒他在教导自己 2 岁和 4 岁的孩子时要保持耐心，先听他们的解释，不要直接预想最糟糕的情形。

如果孩子做了什么你不赞同或者不理解的事情，在下结论之前不妨先听听他们怎么说。

你 9 岁的儿子把烤面包机拆了，作为权威型父母的你不会说："你折腾那台烤面包机干什么？你不知道我们需要用它准备早餐吗？你是不是有什么毛病？"相反，当你发现桌上到处都是烤面包机的零部件，你会问道："嗯，看来你在做个大项目呢，能和我说说你打算做什么吗？"

虽然那天早上没能像往常一样吃到吐司，但你发现儿子对工程学很感兴趣。他只是想了解烤面包机的工作原理，并表示自己能把机器再组装回去。你半信半疑，毕竟你从小就不擅长手工。

> 如果孩子做了什么你不赞同或者不理解的事情，在下结论之前不妨先听听他们怎么说。

令人倍感惊讶的是，5 天后，烤面包机完好无损地出现在厨房。你的 9 岁儿子不仅把面包机重新组装好了，还修理了坏掉的部件，这下你再也不会把面包烤焦了。怎么样，这么做比大声叫嚷得到的结果要强得多吧？从长远来看，5 天不吃吐司简直太值了。以后，你的儿子若被麻省理工学院（MIT）录取，可能就是因为你允许他研究那台烤面包机和家里其他的电子产品。

第四，**我把你当作独特的个体来对待，你有自己的天赋，我不希望你成为我的复制体**。权威型父母关注孩子是否幸福，但不会替孩子过他们自己的人生。不能因为你是一名教师就要求孩子也对教育感兴趣。你喜欢滑雪，但你女儿更想当一名举重运动员。你喜欢举办派对，但你儿子更愿意宅在家里。

存在差异没什么大不了的，它们仅仅是差异而已。一旦接受了这一点，你和跟你性格最不相似的孩子也能相处得很好。你更容易从孩子的一举一动中发现他们的天赋，然后支持和鼓励他们："哇，干得漂亮！我知道你一定花了很多时间和精力做这件事，如今取得了圆满的结果，你一定非常开心吧！"

第五，**生活并不总是一帆风顺，但我们会一同渡过难关**。权威型父母培养出来的孩子非常有安全感。他们知道，无论发生什么事，父母都在身后支持自己。家庭成员彼此尊重、互相倾听，任何事都可以公开讨论。即便同学、朋友已经开始成为孩子生活中重要的组成部分，但家人仍是最亲密的存在，彼此之间依然可以无所顾忌地对话。家是安全港，这里的规则不会因为孩子长大就发生变化。只要有家人在，孩子就可以放松身心，无须"争宠"。

> 存在差异没什么大不了的，它们仅仅是差异而已。一旦接受了这一点，你和跟你性格最不相似的孩子也能相处得很好。

同样地，你并不期待孩子成为领头羊。相比之下，你更关注他们的兴趣爱好，以及他们想主动涉足哪个领域。你与孩子有很多共同话题。而孩子也会为你做同样的事，因为你们是一家人，都信奉"人人为我，我为人人"的原则——无论家庭成员是两个人、三个人、四个人还是更多，你们都会团结起来，战胜一切困难。

做孩子心目中的英雄

你真的想要培养孩子取得成功吗？那么，从今天起，下定决心摆脱你父母对你的教育方式。如今，你才是为人父母的那一位。如何教育子女，你说了算。

就让今天成为你的"觉醒日"吧。

找个安静的地方，根据你教育子女的方法和其他经历，明确自己是哪种类型的父母，然后找出你常常犯下的错误。接下来，大声告诉自己："这些都已经过去了，我不再是孩子了，无须再受父母的掌控。我要从今天开始，改变自己的做法，换个角度思考问题，采取不同的行动。"（不要担心，这只是你的自言自语，其他人听不见。）

在你翻开本书之前，过往发生的种种事件导致你陷入当下的境遇，但是否让过去继续影响你的未来则完全取决于你自己。既然你有权力决定摆脱过去的影响，那么，不妨从今天开始改变吧。

如果那些你先入为主的有关子女教育的观念让你感到不堪重负或者力不从心，是时候将它们完全抛弃掉了，不要再沉湎于曾经犯下的错误。从今天开始，做一位权威型父母，将这些话语深深烙印在孩子的脑海当中："我相信你，我知道你可以做到，我为你感到骄傲。"在未来的人生道路上，这些话语将一直伴随他们左右。

所以你看，你才是孩子最想要追寻的英雄，虽然漫画里的超级英雄的故事确实很精彩，但在孩子的眼里，他们都比不上你。

[秘诀五]

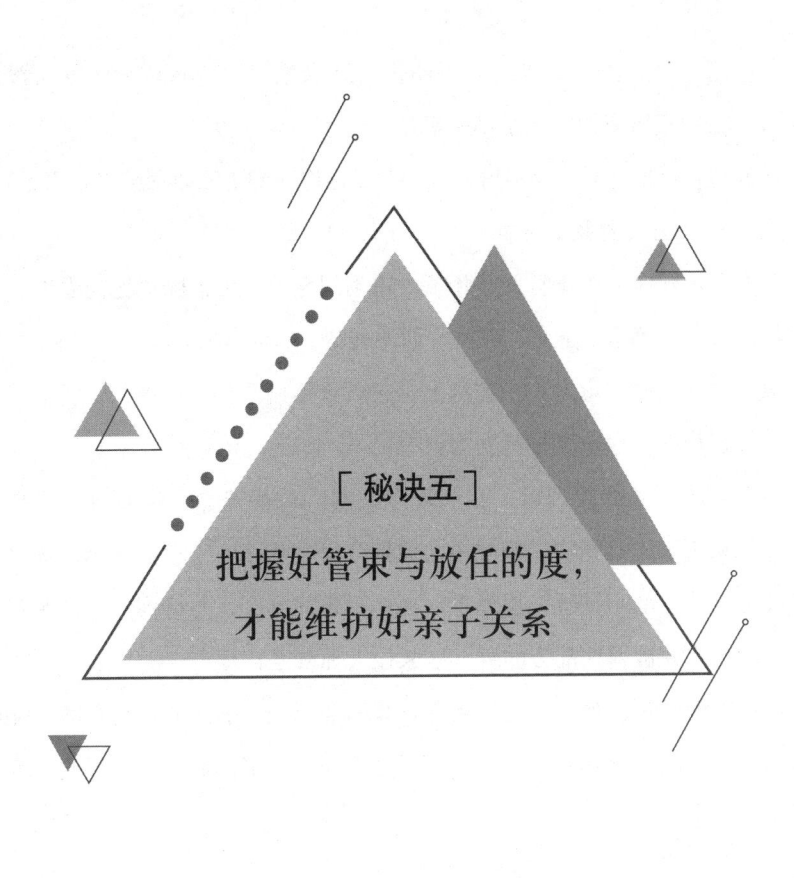

把握好管束与放任的度，才能维护好亲子关系

我以前养过一条可卡犬，名字叫作"麻烦精"（Trouble）。我可没乱给它起名，它确实给我们带来了不少麻烦。

它很有自己的想法，容不得旁人阻挠。无论我们怎么训练它，它都不听话。有一次，它甚至当着我们的面把我妻子做的肉卷从餐桌上叼走了，它一路小跑，消失在走廊深处。我们只好开了一罐肉罐头吃，可惜味道比肉卷差远了。

我们告诉它哪里不能去、哪些东西不能碰，有时候它不吭声，仿佛"默认"了，但只要我们的注意力不在它身上，它就会偷偷溜到"禁区"，我们越是禁止它碰某些物件，它越要将其据为己有。

在受到了沉痛的教训后，我们才意识到，对待宠物一定要做到"令行禁止"。如果不事先给宠物立好规矩，你猜会发生什么？它就会开始做坏事，比如撕咬地毯或者乱叼鞋子。想想看，当你下班回到家，等待你的是被撕碎的地毯、沾满口水并被随地乱丢的鞋，这太让人抓狂了！

谈到管教问题，孩童和狗其实有一些相似之处。适当的管教有助于维护父母和孩子之间的情感联系，让亲子关系更牢固、稳定；如果缺乏管教，孩子则容易误入歧途。

别丢弃代表家长权威的"王牌"

回想几年前,或者十几年前,在你与伴侣决定"我们要个孩子吧"的时候,那一刻,你是否真的清楚自己将要面对什么?

大多数人可能会觉得这个问题很好笑,这并不难理解。

你可能和许多家长一样,心想:"我们已经有一台代步汽车了,或许是时候要个孩子了。你知道的,就是那些两条腿、跑来跑去、制造噪声的小家伙。为什么不着手准备一些围嘴、纸尿裤,还有五彩缤纷的玩具呢?这没什么难的,对吧?毕竟,地球上的孩子那么多,我猜抚养孩子应该很有意思。"

待你有了孩子之后,你需要在凌晨两点钟喂奶、孩子因为腹绞痛而号啕大哭、孩子四处攀爬时将膝盖擦伤等事情接踵而至,全职带娃的你一定想问:"**等我产假休完之后,孩子该怎么办?**"

如果孩子的(外)祖父母住在附近,他们可能会答应帮你照顾孩子,但这不意味着你可以立刻放手。你或许需要调整工作时间,偶尔在家办公,做兼职工作或者还有其他安排,例如和同样需要工作的配偶共同分担照看孩子的任务,还有人会雇用保姆或者找一家合适的日托机构。

无论你打算选择哪种安排,请牢记一点:孩子小时候就好比"湿水泥"。自降生之日起,你对孩子内心、价值观和生活态度的影响会随着他们的成长而逐渐固化。

换句话说,孩子尚且年幼,你可以从一开始就改变他们身上的烙印,这是绝佳的机会。当孩子长大后你可能就得多费点工夫了,因为水泥已经开始变硬,已形成的模式将很难改变。但无论孩子多大年龄,你都还有机会对他们产生影响,毕竟你是他们的父母,这些事只有你能做得到。他们或许有很多朋友，但只有你担得起"家长"这一尊贵的头衔。

这也是为什么父母万不可轻易将这一特权交给别人，包括保育员、老师、教练、课外活动负责人、日托班或者各种类型的兴趣班负责人。

"权威"一词近来愈发偏向贬义。人们不太喜欢使用它，因为它听起来容易引起冲突，但实际上它是一个必不可少的褒义词。

虽然我不是科学家，但我也能听懂一位物理学家朋友为我解释的理论：地球围绕太阳公转的时候，中心轴倾斜 23.5 度。正因为这个倾斜角的存在，太阳在照射时也存在不同的角度，继而产生了春夏秋冬四季的更迭。我们由此才能看到日夜交替，而不是像北极圈的寒冷地带那样，冬天有 24 小时的黑夜，夏天有 24 小时的白昼。在数千年时间里，地球极为缓慢地跟随太阳转动，一直保持那个角度。试想，倘若地球朝一个方向哪怕只倾斜 1 度，我们就会被焚烧致死；而朝着另一个方向倾斜 1 度，我们则会被冻死。

即便在浩瀚的宇宙中也存在权威和内置的规则，以确保我们在这个星球上的安全。同理，只要运用得当，权威在教育子女这件事上会使你受益良多。你和你的孩子具有同等的人类价值，只不过你们各自扮演的角色不同。这个世界并不总是那么友善，孩子涉世未深，很多时候需要你保护他们的安全，毕竟只有父母会一直关注孩子们的最大利益。你必须手握一张代表家长权威的王牌，玩好这一局游戏。

但大多数时间，你要把那张王牌留在手里，让孩子自己做决定，体验不同决定带来的不同后果，然后重整旗鼓，继续向前，为未来的成功奠定基础。在此过程中，他们将逐渐拥有自信、勇敢、坚韧、耐心、诚实、诚恳等一系列优秀的品格，并塑造自我价值观，在自己的领空展翅高飞。

管教是和谐的亲子关系必不可少的组成部分。管教不是一份朝九晚五的工作，也不是洗衣服那种你在空闲时间才想起来要完成的任务，而是一项需要你随时展开行动的职责。

管教同时也是你最有价值的一份工作，因为它能够构建持续一生的健康的亲子关系，为你孩子未来的成功奠定最坚实的基础。

莱曼博士的 10 秒钟解决法

问题：我的 4 个孩子总是因为鸡毛蒜皮的小事打架，我该怎么阻止他们？兄弟姐妹之间不是应该团结友爱、互相扶持吗？

答案：小菜一碟。别再扮演法官了，从"家庭法庭"这个舞台离开。一旦孩子们发现这场"表演"最重要的观众——也就是你——已经走了，就会停止打架。他们可能会彼此尴尬地对视一眼，然后纷纷跑开。毕竟，整场架是为了你而打的，你来我往的拳脚相加不过是为了吸引你的注意力，孩子可比你想象的要聪明得多。

此外，他们比你想得还要更加敬重和爱对方。即便他们在家里会大打出手，但在学校，99% 的情况下他们会成为彼此最坚实的后盾。

有一次，我看到一个三年级的女孩将比她块头大不少的五年级男孩顶翻在地，因为他一直欺负她比同龄人身材矮小的哥哥。这两兄妹在家里是出了名的"水火不容"，但如果有外人打哥哥，妹妹绝不会袖手旁观。

20 年后，这两兄妹依旧会互相扶持，你的孩子同他的兄弟姐妹也会如此。

管教≠惩罚

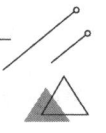

我曾组织过一次座谈会,在会上,我问家长:"你们认为什么是管教?"一位父亲举起手,脱口而出:"让孩子做他应该做的事情。"

几乎屋子里的所有人都笑了,大家纷纷点头以示赞同。

"说得很对,"我答道,"这是管教的目的之一。但如果他没有做他应该做的事情,你又会怎么做?"

每位父母都很清楚,有些孩子会按照你的要求去做,有些孩子则需要你在后面推他一把,还有些孩子则像脱缰的野马反抗任何人对他的管教。

如果你想让孩子在长大后取得成功,让孩子具备在秘诀一中提到的那些你所期待他拥有的关键品格,管教就是一个非常重要的基础。很多人弄不清楚管教和惩罚的区别,或者索性将二者混为一谈。事实上,两者的目的和过程截然不同。

管教是持续地、日复一日地、时时刻刻地培养孩子发现、理解并接受具体的价值观、理念、思维方式和行动方式的过程。管教的目的是学习而非控制,是有意识地去培养孩子永不服输的人生态度和直接影响行为举止的优良品德。管教孩子不是因为家长在教育过程中存在失误或者落入陷阱,而是一种在深思熟虑后产生的行为,是提前帮助孩子做好准备应对当下正在发生的或者未来即将发生的各种情形。

明白了管教的内涵,当具体情况发生时,父母已然知晓该如何进行处理。管教孩子要懂得把握平衡,让他们感受到你的爱,这样才能为他们自身、人际关系和事业的成功奠定坚实的基础。

而惩罚则是对具体结果的一种反应。这种反应依靠的是一时的情绪而非预先规划好的行为举止。孩子犯了错，父母的本能反应先于理智行动，贿赂和威胁往往紧随其后。而当上述方法都不奏效的时候，惩罚就降临了。

为更好地理解管教和惩罚之间的区别，让我们来看以下两个案例。

案例一：奥尔森（Olson）家珍贵的传家宝

奥尔森家有一个非常珍贵的传家宝——一盏彩色玻璃台灯，它就放在客厅的桌子上。这盏台灯由奥尔森女士的祖父亲手制作，对她有特殊的意义。

◆ 惩罚的方式

4岁的内森摸了摸彩色玻璃台灯。母亲一直不让他碰它，常把"传家宝""绝对不能碰"挂在嘴边。

他不知道那是什么意思，只知道挑剔的母亲对他触碰台灯这件事表现得非常紧张。

贿赂阶段："你别碰那盏台灯了，我给你拿饼干吃。"母亲说道。

他点点头，然后母亲给了他一块饼干，他马上接过，吃了起来。

一个小时之后，阳光照射在台灯的玻璃上，折射出五颜六色的光，那斑斓的色彩实在是太吸引人了，于是内森又摸了摸台灯。

威胁阶段：眼神锐利的母亲在走廊捕捉到了他的"违规行为"，于是快速冲进客厅。"内森，我告诉过你别碰那盏台灯！那是你外曾祖父亲手做的，不是玩具！如果你再碰它一次，我就把你赶回卧室。"

5分钟后，母亲消失在视野里，内森径直朝台灯走过去，一把抓住了悬挂在灯罩下的红宝石。他猛地把台灯翻倒，它从桌子上直接掉了下去，砸在地板上，彩色玻璃碎成了好几片，内森见状惊呆了。

来自"复仇者"的惩罚：母亲听到响声，急匆匆冲过来，见到眼前的情形，怒发冲冠道："我告诉过你了别碰它，为什么你还要去摸？你真是个坏孩子，为什么你这么令人讨厌？我怎么会有你这样的儿子？我做错了什么要被你这样对待？立刻回你的房间去，今晚别吃晚饭了。"她伸出手指着他卧室的方向命令道，一脸不容置喙的神情。

内森吓坏了，只好回到自己的房间。但显然事情还没结束。

第二次惩罚："顺便告诉你，我们晚餐准备吃你最喜欢的奶油三明治配番茄浓汤，但没有你的份。"

母亲转过身，怒气冲冲地走进了厨房。

直接影响：看着那些彩色的玻璃残骸，失去了珍贵传家宝台灯的母亲也失去了理智。她在做出惩罚孩子的决定时大脑完全被情绪掌控，她将那些话脱口而出完全是本能反应。

说了好几次的话孩子都不听，对此母亲非常生气。更糟糕的是，他并不在意那盏台灯对她来说有多么重要，于是轻易把它打碎了。她想要让孩子付出代价，他必须接受随之而来的惩罚。

此时，内森藏在卧室的角落里，身前堆满了毛绒玩具。他知道母亲很生气，但他不是故意打碎台灯的，他只是觉得那盏台灯很漂亮，想要多研究它一会儿。虽然母亲经常禁止他做一些事情，但就算他真的做了也不会怎么样，他想不明白为什么这次会不一样。

"我知道了，"他想道，"我在这儿等着就好了。等事情过去了她就不生气了。等她冷静下来就会让我吃晚饭的，我真的很喜欢奶油三明治和番茄浓汤。"

他坐在那儿把自己缩成一团，虽然心里这么想，但脑海里总是不由自主地浮现母亲骂他的话："你这个坏孩子，你怎么这么令人讨厌？我怎么会有你这样的儿子？"这些话真的很伤人。

后续影响：母亲在厨房里来回踱步，反复深呼吸。半个小时后，她终于冷静下来。在准备晚餐的过程中，她开始对自己的行为感到后悔。实际上，内森是个好孩子，只是偶尔会因为好奇心犯点儿小错误或惹点儿小麻烦，为什么自己这次反应这么大？

内疚感油然而生，尤其想到自己刚刚说他是坏孩子。她到底是多么糟糕的母亲，居然对孩子说这种话？还不给他晚餐吃，儿子只有不到 40 斤重啊！

到了晚餐时间，母亲将一盘食物放在他紧闭房门的卧室前：还在冒着热气的番茄浓汤搭配一小块黄油，还有一份切成三角形的奶油三明治——都是内森喜欢吃的。

"内森，"她哄道，"妈妈不是故意那么说的。我当时气疯了，对不起。我给你做了你最喜欢吃的食物，把门打开吧。"

当他打开门，眼前丰盛的菜肴足以慰藉饿肚子的痛苦。更棒的是，母亲再也没提过那盏摔碎了的台灯。

但内森从这件事情当中学到了什么呢？只要自己等待的时间足够长，母亲就会冷静下来，他也不用受到惩罚。所以下次自己再想碰什么东西，只管动手去碰就好了，不会造成什么严重的后果的。母亲只会在短暂的时间内说一些狠话，她愤怒的情绪持续不了多久的。

如果母子之间经常发生类似的情形，几年之后，你觉得十几岁的内森还会尊重自己的母亲吗？

◆ 管教的方式

如果我们换一种方式来处理呢？

母亲见内森一直盯着那盏台灯看，知道儿子的好奇心和探索欲都很强，于是她坐在他身旁，说道："它很漂亮，对吧？"

他点点头："是很漂亮。"

"我小时候也经常看它看得入迷。"母亲继续说，"事实上，有一次我尝试去碰这盏灯，结果惹了麻烦。我当时觉得这没什么大不了的，直到我父亲告诉我这盏灯有多么重要。"

她向内森讲述了一个男孩为了做一盏台灯如何竭尽所能节省下每一枚硬币来购买彩色玻璃片。这盏台灯最终花了他 7 年的时间才完成，而这个男孩就是内森的外曾祖父。

"这盏台灯背后有一个非常动人的故事。"母亲说道，"如果你足够有耐心，坚持自己的梦想，并为此努力，你也可以创造出独一无二的美丽的事物。"她拥抱了内森，继续说："正如你外曾祖父做出了这盏台灯。"

起身去工作之前，母亲又补充道："如果你想研究这盏台灯，随时告诉我，我们可以一起研究，但你要非常小心才行，毕竟它是老物件了。"

上述对话只花了5分钟的时间，但这位聪明的母亲却创造了一次珍贵的教育机会，对孩子的影响无疑非常深远。她利用儿子想要去触碰美丽事物的天性向他讲述了另一个男孩童年的故事，故事中蕴藏了她希望孩子养成的品格特质：有耐心、自信、思虑周全以及保持努力工作的热情。

整个过程的转折点是什么？母亲不仅没有斩断儿子的探索欲，还鼓励他大胆地去触碰那盏台灯。但前提是自己必须在旁边。

看到了吗？孩子不会抗拒大人允许他们去做的事情，反而是你不允许他们做什么，他们才偏要去做。当你不再反对他们的意愿时，逆反行为也就消失了。以稳定的心态向孩子解释清楚为什么有些东西很重要，孩子的表现便会让你感到骄傲。

> 孩子不会抗拒大人允许他们去做的事情，反而是你不允许他们做什么，他们才偏要去做。当你不再反对他们的意愿时，逆反行为也就消失了。

除此之外，许多家长眼中的"叛逆"，其实大部分出于孩子好奇的天性，以及对这种天性缺乏管束的结果。例如，18个月大的孩子看到墙上电灯插座的孔洞就想把手指伸进去。你告诉他不要这么做，但他下次还想试试，因为他在寻找这种行为和你的警告间的关系。

"如果我把手指伸进洞里会发生什么？哦，我知道了，妈妈会跑过来，一把抱起我，转几个圈，就像在跳圆圈舞，真的很有意思！让我再试一次。"

针对某种行为，家长反应越大，这种行为就越容易反复出现。

至于那个迷恋彩色玻璃台灯的男孩，在母亲换了一种管教方式后，也许他凭借自身的努力，最终成为一名艺术家，甚至可能会用彩色玻璃片制作家具来致敬外曾祖父。

我的儿子凯文二世经常找借口逃学去看游戏节目，因为那些内容令他非常着迷。彼时我们无从知晓，几十年后，他自行创作的游戏节目多次斩获艾美奖（Emmy Award）。

总之，家长要着眼于大局。了解孩子的兴趣爱好有助于你找到解决各类问题的最佳方法，从而打造持久双赢的亲子关系。

案例二：迟归的索菲亚（Sofia）

罗萨洛（Rosaro）家向来以勤奋的工作态度和良好的家庭价值观著称。他们的大女儿索菲亚最近刚拿到驾照。她在放学后要去便利店打工，这是她的第一份工作。

◆ **惩罚的方式**

索菲亚问父亲自己放学后能不能开家里的车去便利店，因为今天的下班时间比平常晚，另外她还想和朋友待一会儿。父亲同意了，但表明她必须在晚上8点之前回家，因为他和妈妈要去社区参加居民会议。

贿赂阶段：父亲知道索菲亚有可能忙着社交而忘记按时回家，所以告诉她："听着，如果你8点前能准时回家，我就给你100元，随你怎么花。"

威胁阶段：父亲将车钥匙递给索菲亚之前，又补充道："如果你8点还没回来，我和你妈妈就来不及准时出席居民会议。你知道这次会议对我们有多重要，如果迟到就会在所有邻居面前丢人。所以，你最好按我说的时间回家，不然以后你都别想再碰这辆车了。"

"知道了，爸爸，"索菲亚答道，"我会准时回家的。"

到了8点，索菲亚并没有回家，她的电话也打不通。到了9点，毫无疑问，索菲亚的父母错过了居民会议。他们给索菲亚打工的便利店打了电话，但对方说她今天根本没来过。

9点50分，索菲亚才开车回到家。

来自"复仇者"的惩罚：父亲在客厅里等她。"你去哪儿了？"他大声质问道，"你知不知道现在几点了？快10点了！我和你妈妈因为你错过了居民会议。我不是告诉过你8点之前回家吗？是我没跟你说吗？"

没等索菲亚回答，父亲继续道："我知道你听见我的话了，你有什么想说的吗？"

"爸爸，我很抱歉，"索菲亚道，"我知道现在几点了，我知道你们没去成居民会议，但——"

他打断了她的话："没错，所以我不能再信任你，把车交到你手上。这段时间你都别想再开车了，等你上了大学再说。现在，回到你的卧室去。马上！"

"但是，爸爸——"

第二次惩罚："竟然还敢顶嘴？接下来的一个月你都别出门了。我会打电话给便利店，告诉他们我不允许你再去那儿工作了。我原本认为你已经长大，可以为自己的行为负责了，看来是我想错了。"

她再次尝试开口道："您听我解释——"

"别找借口，"父亲道，"你把一切都搞砸了，别想靠解释蒙混过关。"

直接影响：索菲亚把车钥匙扔在客厅桌子上，飞奔进卧室。"爸爸一直这样，"她沮丧地想，"他从来不听我说话，我都怀疑就算他知道发生了什么，也根本不在乎。他只关心我有没有按时把他那辆宝贝汽车开回家，方便他出席居民会议。这比他女儿重要多了。我简直受够了，我真想立刻搬出这个家。"

父亲一脸怒容坐在客厅里。他简直不敢相信自己的女儿如此不负责任，他可没想把她教成这样。他一次次告诉她赚钱是多么重要，但她竟然直接旷工了？显然，她太令他失望了，更糟糕的是，他恐怕以后再也无法相信她说自己要去哪儿了。

后续影响：接下来的3天，索菲亚一直躲着父亲，虽然要做到这一点并不容易，毕竟她被禁足了，除了家里哪儿也不能去。他给便利店打电话的做法让她感到难堪，同时又很难过，因为她付出了很大的努力才得到那份工作。现在，她已经不再指望父亲能听她说些什么了。

实际上，父亲也很尴尬。他冲索菲亚发火的第二天，怒气冲冲的妻子就把那天的事情和他讲了一遍，索菲亚把当晚发生的那件事的始末都告诉了她。他不知道如何弥补自己的错误。为什么他的情绪失去了控制？为什么他甚至连她晚回家的原因都没问过就直接大发雷霆？现在好了，女儿完全不和他讲话，看样子这种状态还要持续好一阵子。

在这种情形下，女儿从中学到了什么？她不相信父亲会听她把话说完，索性什么都不说了。倘若日后她遇到困难或者陷入需要帮忙的境地，恐怕父亲不仅不会帮她，还会令她难堪，就像这次直接给便利店打电话告诉对方她辞职了一样。最重要的是，他一点也不尊重她，无论是作为女儿，还是一个独立的人。明明她帮助了别人，父亲却说她不负责任，还为此把她关在了家里。

除非父亲先向她低头："对不起，是我的错。我应该听你解释的，请原谅我。"否则，父女之间的隔阂只会越来越深。

你是家长，是成年人，所以理应先站出来承认自己的错误。说出"对不起，我错了，请原谅我"是扫清所有亲子关系障碍的第一步。

> 说出"对不起，我错了，请原谅我"是扫清所有亲子关系障碍的第一步。

◆ 管教的方式

让我们用管教的方式应对同样的情形。

当索菲亚问父亲自己能不能开家里的车出去时，父亲回答道："当然，我相信你。但我和你妈妈晚上8点要去社区参加居民会议，我们需要用车。"

"知道了，爸爸。"索菲亚答道。但直到快10点索菲亚才回家。

索菲亚走进家门的时候父亲正在客厅里等她。她一直表现得很好，对自己也很负责任，所以父亲知道她这么晚回家一定是有原因的。但他还是忍不住担心，毕竟她的电话一直打不通。

"我很高兴你终于回来了，"父亲道，"我很担心你。"

"爸爸！"索菲亚冲过去揽住父亲的臂弯道，"对不起，我忘记回家的时间了,我知道你和妈妈错过了居民会议,我真的很抱歉。"

父亲没再问任何问题,他相信女儿,他等着女儿自己讲清楚事情原委。

"今天晚上真的太疯狂了!"索菲亚开始讲道,"妈妈在吗?我希望你们两个都知道发生了什么。"

索菲亚在去工作的路上接到了来自她朋友的电话。朋友的母亲病得很重,于是索菲亚开车把她们送去了急救中心。那位母亲被诊断患有肾结石,需要立刻入院。索菲亚曾试着给便利店打电话解释自己迟到的原因,但电话还没接通,手机就没电了。

医院里人来人往,环境嘈杂,朋友因为担心母亲,止不住地哭泣。她一直陪在朋友身边,安慰她,完全没注意到已经九点半了。当她反应过来自己还没联系父母,才急急忙忙地赶回家。

父亲很庆幸自己没有直接冲女儿发脾气,斥责她说话不算话、不能及时回家也不打来电话。相反,在下结论之前,父亲先听女儿讲述了事情的始末,把这件事情变成一次培养父女感情的教育机会。

索菲亚因自己回家太晚让父母担心道了歉。"我理解你们可能一时半会儿不想让我再碰车了,我原本答应你们8点之前回家的,但我没能遵守诺言。"

这才是父亲熟悉的那个负责任、值得信赖的女儿。她愿意承担帮助朋友所导致的后果。

他冲她挥了挥手道:"你迟到的理由我可以接受。这次我们就不追究了。"

这位父亲给予了女儿应有的尊重。在经历了一晚上焦灼的等待、错过参加居民会议和预想了各种不好的结果后,在重重压力下,父亲仍然没有大发雷霆,没有惩罚她禁足一个月。因为他了解自己的女儿——她是一个负责任的好孩子,即使迟到了,也一定有正当理由。简而言之,他相信她。

这才是想要培养孩子取得成功的父母应该做的。是的,生活总是充满诸多不确定性,并非事事都能如你所愿。但在家庭生活中打造彼此信赖和尊重的环境有助于亲子关系的培养。无论发生什么事情,你们都应携手向前,共同应对。

做理性父母，才能养出充满幸福感的孩子

每个人都会犯错，每个人都不完美，包括你和你的孩子。出于愤怒或报复而实施的惩罚无益于培养孩子的品格，只会让孩子更加不尊重你，继续做那些会损害他职业前景的无益举动。

惩罚针对的是具体事件，我们根据该事件将孩子定性为"坏孩子"。在冲动之下做出的决定会让你感到愧疚，而愧疚感只会导致行为失衡。过度惩罚导致的结果是，你因为感到内疚而尝试安抚或收买孩子。尽管一点"甜蜜的报复"短期内可能让人感觉良好，但从长远来看并不会一直奏效，除了将孩子推得离你越来越远以外，不会产生任何回报。

而管教则专注于实现"培养孩子的理想品格和打造健康、持久的亲子关系"的目标。当事情发生时，你需要在深思熟虑后规划自己的行动。

如果你惩罚孩子，说明你失去了控制，任由眼前的情形指挥自己的情绪和行动，给他打上标签。

而如果你管教孩子，说明一切尽在掌控之中。你行动的出发点是做对孩子最有利的事，更好地培养他的品格。在开口或行动之前，花点儿时间对事态进行评估。趁此机会，仔细回顾一下教育子女的规划：**孩子从这件事当中能学到什么来帮助他们更好地生活**？明确了这一目标，你便可以继续开展相应的行动。

莱曼博士的 10 秒钟解决法

问题：我 8 岁的女儿总是欺负其他孩子。这已经是我第 3 次在上班的时候

接到了老师的电话，让我去学校。虽然每次我都会让她禁足一个星期，但她听了只是耸耸肩，然后若无其事地问我能不能在回家的路上顺道去买她最喜欢的快餐食品。她怎么就不懂得适可而止呢？

答案：她为什么要适可而止？欺负其他孩子让她得到了4个"奖励"——逃课、通过让你丢下工作来控制你、午餐吃到自己最喜欢的快餐以及拥有更多的外出时间做自己想做的事情。更不用说在老师和校长找到她之前，暂时成为"孩子王"所带来的兴奋感。

按照这种模式继续生活下去，以后多半还会发生类似的事情。想要制止她的这种行为，首先你要停止"奖励"。下次再发生类似的情况时，开诚布公地和老师或校长谈谈。明确表示为了所有人着想，这种欺负人的行为必须被制止。请他们看住你的女儿几个小时，让她错过午餐时间，到了下午也不要给她吃零食。等你结束手头的工作，选择合适的时间去学校，或者等一天的工作全部结束了再去效果更好。

开车回家的路上，你径直路过女儿钟爱的那家快餐店，没有停留。

"你开过了。"女儿道。

"我们今天不买吃的。"你回答，然后直接开车回家，哪里也不去。

到家后，你也不用对她进行说教，无须问她在学校做了什么，也不要给她做饭，让她自己想办法填饱肚子。

当她终于找到吃的，准备吃第一口时，你递给她几张卷子。

"既然你今天没上课，老师就多给你布置了些作业。你还要写一个故事，明天上英语课的时候讲给全班人听。明天见。"你转身离开，去完成自己的工作，然后美美地睡上一觉。

最后那些作业到底有没有完成是她的事，而不是你的。即使是爱欺负人的孩子也不喜欢在同学面前出丑。

如果你想要制止孩子的某种行为，首先停止"奖励"他们。让事情的后果代替你的说教，好好给他们上一课。

"三只小猪"的经验教训

著名寓言《三只小猪》讲述了3只小猪为保护自己不被坏蛋大灰狼吃掉，各自建造了一所房子的故事。在我看来，事情实际上是这样的：

第一只小猪不太在意盖房子的事情，对于这项任务他只想敷衍了事，然后随心所欲地做自己想做的事。毕竟，妈妈放他出门闯荡是为了让他寻找更好的工作机遇。这才是当务之急。他完全不想被低级的工作绊住脚步，比如给屋子搭个屋顶。

"用稻草就行，"他心想，"这样，这项工作就变得轻松多啦！毕竟，我还要出门赚钱，让自己过得更好。房子建成什么样又有什么关系呢？我只不过每晚回来睡个觉罢了。就算下雨了，雨点落在我头顶几滴又能怎样呢？"

但这只小猪的结局不太好，他成了大灰狼的晚餐。

第二只小猪想："哇，我哥哥用稻草盖房子的做法简直蠢透了。不过这也不让人感到意外，毕竟他不是家里最聪明的那个。我知道要怎么做，我要用树枝盖房子。树枝总比稻草坚固多了，不容易被大灰狼弄断。更何况，森林里到处都是树枝，我会把它们收集起来，研究一下怎么用它们搭一座房子，我一定能搭建出一个牢固的结构。"

但这种"率性而为"的方式显然没有奏效，坏蛋大灰狼咆哮着闯进他用树枝造的房子，第二只小猪也变成了一顿美味的晚餐。

第三只小猪呢？他坐了一会儿，思考如何建造出最牢固的地基和房子。他从森林房屋专家那儿收集了信息，并对周围森林的情况进行了评估：哪些东西可以作为现成的建造工具和材料？他会遇到什么样的敌人？他要事先做哪些准备来保护自己和未来的妻子，以及他将来的孩子们？

经过一番深思熟虑，他画了几份草图，敲定了最佳方案。

"我需要用水泥打地基，再用最结实的钢筋进行加固。这样一来，那头可恶的大灰狼就不能从地底下挖洞，然后把头伸进我的客厅。我还要用能找到的最坚固的水泥砌墙砖。至于屋顶嘛，我打算用干泥瓦片搭配那些四处生长的藤蔓来建造，它们非常坚韧，无法轻易被弄断。"

如此一来，就只剩下屋顶的烟囱口没有处理了。只要保持火堆不熄灭，就没有哪头狼能顺着烟囱进屋吃他和他的家人。

那天，第三只小猪从日出到日落一直在努力地干活，直到房子的中心部分完工，砖面砌得整整齐齐。这时，外面开始下雨，一只脾气暴躁的豪猪被淋得浑身都湿透了。他邀请豪猪进屋躲雨，还让他睡在了火堆旁边。他对这只豪猪十分友好，毕竟他们以后就是邻居了。

第二天，他检测了水泥的坚固程度，并修补了损毁之处，确保它们禁得住暴风雨的考验。为了保障房子的牢固性和安全性，他夜以继日地干活。

与此同时，坏蛋大灰狼的肚子越来越饿。作为晚餐的前两只小猪早就在他肚子里消化得差不多了，他现在正在找第三只小猪来填饱肚子。但那只顽固的小猪并不让他进门，任何乔装打扮都欺骗不了他。

最终，坏蛋大灰狼受够了，他丧失了最后一点耐心。他的肚子饿得咕咕直叫，不管他用多大的力气撞击这只小猪的屋子，它都纹丝不动。于是他从树上直接跳到了屋顶上，然后顺着烟囱跳了下去，正好跳进了沸腾的锅里。

大灰狼被烫死了。

第三只小猪是一位建造大师，他非常注重打地基。他选用了高质量的水泥，在任何天气状况下都不会轻易碎裂。他还用最结实的钢筋进行加固，达到双倍的保护效果。他做的最棒的决定就是用砖块和水泥做外墙，虽然这花费了他不少时间。第三只小猪不像他两个哥哥那样选择了最轻松的办法，他深知没有高质量的材料、严密的规划和辛勤的劳动，就算房子外表建得再漂亮，也无法长久地保护他和他的家人免受捕食者的伤害。

第三只小猪建造房子的经历实际上和为人父母教育孩子的过程类似，要想培养出长大后能够取得成功的孩子，首先必须为他们奠定一个坚实的基础。你家里或许也有一两位"建造大师"，数量取决于你是有伴侣的家长，还是一位单亲爸爸或者单亲妈妈。可能你还有其他"造房子"的帮手，比如孩子的（外）祖父母、兄弟姐妹、远房亲戚或者住得很近的朋友。

而你又是用什么来打地基和砌墙壁的？你的"房子"是仓促拼凑起来的，还是经过悉心规划来建造的？你使用的材料是容易损毁的稻草或者树枝，还是用钢筋加固的水泥，你是否用了最坚固的砖块和水泥来做外墙？

帮孩子走向成功的三个要素

想要培养出长大后取得成功的孩子，你需要践行我称之为"3C"的三个要素：交流（communication）、同情心（compassion）和承诺（commitment）。

交流

交流是亲子关系最稳固的基石。如果你和伴侣尚未明确孩子最应具备和培养哪些品格，那么，你们要小心了。你们的孩子会找到"水泥"上的"裂缝"，然后利用这些"缝隙"去反抗你们。

如果你只知道对孩子发号施令，指挥他们而不是与他们交谈，你所打造的地基就会随时坍塌。可能发号施令这招在孩子小的时候还管用，毕竟那时他们还比较好控制。但到了青春期，孩子的情绪开始产生波动，他们意识到自己的父母并不是完美的人，这时你们就要小心了。

交流不是一个人说、另一个人听，而是双方都要讲话，最好每次只有一个人在讲话，但双方都要做到认真倾听。倾听是一门艺术，如果你在对方讲话的时候一直思考自己接下来该说什么，你其实并没有真的在听对方讲话。

要想让孩子相信你尊重他，把他当作独立的个体来看待，尊重他的意见，想了解他的想法，你就必须做一个专注的倾听者，积极参与他的生活。

全职妈妈雷（Rae）就是个很好的榜样。女儿布里安娜（Breana）出生后，雷主动提出减薪并在家办公。布里安娜从小听着母亲打字的声音长大，那就是她的摇篮曲。她会在母亲办公的房间里午睡，整个人缩在那处为她精心打造的小角落里。

每当布里安娜醒来，睁开眼见到的第一个人就是母亲。此时雷会停下手中的工作，抱起女儿。即便那时候布里安娜还在咿呀学语，说不出一句完整、清晰的话，她们也会面对面交谈，然后一起愉快地玩耍。

> 要想让孩子相信你尊重他，把他当作独立个体来看待，尊重他的意见，想了解他的想法，你就必须做一个专注的倾听者，积极参与他的生活。

鉴于雷家并不富裕，母女二人的游戏和外出活动都非常简单。她们会一起散步，用脚踢落叶，在公共图书馆学习有关瓢虫和蚯蚓的知识，参观免费的蝴蝶农场。她们一起听音乐，用木头制作乐器，在厨房里跳舞。就算当天不是复活节，她们也会给鸡蛋涂上颜色，玩得不亦乐乎，接着在午餐享用老式的"魔鬼蛋"，用蛋壳制作拼贴画。

当布里安娜上了幼儿园，雷也随即调整了自己的工作时间，孩子放学回家后她就马上结束手里的工作。两人会一起喝茶，享用零食，聊聊当天发生的事情。有时候布里安娜会邀请朋友来家里玩，雷会为小朋友们准备非常有创意的食品，比如"章鱼"热狗或者搭配牙签旗帜的吞拿鱼"小船"。她并不介意女儿和朋友学小猫喝奶的样子，从碗里舔牛奶，弄得地板上到处都是牛奶；也不介意自己的躺椅"消失"在一堆树叶底下，被孩子们当作后院里"连通另一个世界的隧道"。

母女之间面对面的聊天一直持续到布里安娜高中时代结束。布里安娜上大学后，她们还会通过视频通话聊天。布里安娜现在居住在另一个州，新事业也风生水起。一旦她回到家，就想去母亲在家里办公的地方午睡。因为那里代表着温暖，还有一个永远为她抽出时间的母亲。

同情心

同情心指的是主动考虑他人的感受和立场，是将建造房子的砖块牢牢凝固在一起的水泥。你和你的孩子在面对同样的情况时可能会有不同的反应。

如果孩子的外婆过世了，你可能会觉得悲伤、后悔、压力很大或者其他复杂的情绪。而你喜欢跳芭蕾舞的3岁女儿尚不明白死亡是怎么一回事，即便你告诉她"外婆过世就代表你再也看不到她了"也不管用，她只会因为你难过而感到难过。

面对这种情况，你要保持冷静并告诉她："亲爱的，我因为悲伤才会哭泣。你悲伤的时候，偶尔也会哭。"你回答她提出的问题——不要敷衍，但也不要过度延伸。如果对你的回答不满意，她会继续追问。这就是同情心——使你的回应与她现有的理解力相匹配。除非她做好了准备，否则不要逼迫她去理解更多的东西。

而你务实的8岁儿子知道死亡意味着什么。他曾经目睹了一只宠物猫的死亡，明白死亡代表着它再也不会回来了。他接受了这一无法逃避的事实，并未表现得过度情绪化。表面上，他面对外婆已经死亡的事实的冷静的态度可能会让人觉得他有些不近人情，似乎他一点儿也不关心外婆。但这并不是事实，有时候他会蜷缩在卧室的衣柜里偷偷哭泣。

同情心就是你给予他拥抱并安慰他。"我有时候也会思念你的外婆。尤其是她做的花生黄油饼干，我现在都还记得那个味道。"你微笑道，"你知道吗？她给我留了食谱，我们一起试着做一次怎么样？"

再来看看你15岁的"守护者"。她和外婆待在一起的时间最长，会帮忙照顾外婆，眼看外婆因为年岁渐长身体越来越差，她什么都没有说，因为她不想让你担心。她非常思念外婆，但她更担心你，甚至有时候过度操心，想要"照顾"你。她不但负担起洗碗和洗衣服等家务，还推掉和朋友们的聚会，只为回家给你做晚饭。

15岁的女儿最希望从你身上得到什么呢？就是知道你会没事的。她无须扮演你的父母，每天照看你，她的悲伤也可以同你分享。

"我不知道该说什么来感谢你过去几天为我做的一切，"你说道，"你外婆过世给我带来了很大的打击，看到我哭泣想必你也很难受吧。但你知道吗？悲伤的时候哭泣，就好比给气球稍微放点气，以免它会爆炸。想起你去世的外婆，大家都会感到难过，这很正常。她经常说：'困境时有发生，但坚强的人总会继续前进。'我每天都会想起她和她说的这句话。我会好起来的。亲爱的，你也一样，我们每个人都会好起来的。难过的时候，随时来找我。我难过的时候也会去找你。"

你向女儿敞开了心门，让她知晓感到悲伤是很正常的事情，我们都可以有悲伤的情绪，你随时都愿意接纳她的想法和情绪。

承诺

承诺犹如确保房屋安全的地基和墙面，你每天都要对它进行"检查"。因为有地基和墙面的保护，无论下雨、下雪、下冰雹还是阳光暴晒，你的房子都坚不可摧，足以抵御像坏蛋大灰狼那样的敌人。

而在孩子眼中，承诺又是什么？答案很简单，那就是时间。没有大量的时间进行积累，所谓"黄金时间"也不过是空中楼阁。想要打造牢固的地基，你必须参与孩子的生活，而你的首要目标就是说话算话。

> 在孩子眼中，承诺又是什么？答案很简单，那就是时间。

孩子和伴侣在生活中永远排第一位，比升职、朋友聚餐或者社区活动等都重要。如果你不花时间陪伴孩子，他们又怎么知道你有多爱他们？

布拉德（Brad）和米歇尔（Michelle）有两个孩子，一个3岁，一个5岁。两人白天都要外出工作，所以会把孩子交给米歇尔的妹妹照看，她是一位全职妈妈，自己也有两个孩子。

有一次，5岁的米奇（Mikey）说："爸爸，你怎么从来都没有和我玩过球？只有亚当（Adam）叔叔和我玩过。"自此之后，一切都发生了改变。

布拉德大受打击。他忽然意识到，虽然他在证券交易所的事业蒸蒸日上，但他错过了太多陪伴孩子成长的时刻，米歇尔对此也表示同意。

于是，两位家长都决定选择弹性工作，每个星期两人分别在家工作一天。

星期二是"父亲日",星期四则是"母亲日",他们要和孩子做些特别的事情。另外三天则由姨妈负责照看他们,但布拉德和米歇尔会轮流接孩子回家,让另一个人可以在办公室多工作一个小时。鉴于每个星期两人都要工作40~45个小时,他们会在孩子睡觉之后或者趁孩子和两人中的一个人玩耍时,补足剩余的工时。

"我从来没有这么忙碌过,"布拉德对我说,"但我们感觉更开心了,因为我们正在做最重要的事情。我不会再错过陪伴孩子的时刻,否则将来我一定会后悔。"

孩子最需要的人是你,不是保姆、日托工、课外活动负责人、体育指导员、(外)祖父母和姨妈。你不一定要采取和布拉德、米歇尔一样的处理方式。每个人遇到的情形都不尽相同,你可以充分发挥创造力,进行资源的整合与分配。但别忘了,孩子在得到你的承诺后,才能感受到自己是被重视的。

如果你不在孩子身边,当教育机会来临时,你就只能任由它们从指缝中溜走了。

孩子不服说教？讲个故事试试

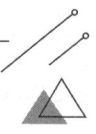

单纯的说教是不能让孩子把你的话放在心上的，但讲故事就不同了。孩子们会在互联网上"冲浪"，你正好可以利用这一点，通过新闻时事去强调你希望他们具备的品德。

案例一：埃德（Ed）学生时代的故事

对你来说，诚实重要吗？让我们来看看埃德是如何结合当日的新闻和自己小时候的故事，同 3 个孩子开展一场有趣的对话的。

"你们看到今早的新闻了吗？几个高中生被学校抓到作弊，然后被开除了。"埃德说道，"我高中的物理老师很难相处，大家都很烦他。一次，有人从他之前教过的班级里打听到了考试内容，传给了我们班的一些同学，只要付 40 元钱就可以拿到题目。但我没有付钱，因为整件事在我看来非常不靠谱。我父亲曾经告诉过我，如果你觉得某些东西散发着臭烘烘的鱼腥味，那么大概率你并不想把那东西抓来吃。"

"那些拿到题目的学生考试成绩是优秀，而我只是及格，很不公平吧？所以我一整个星期都很生气。一个月之后，其中一名学生在洗澡时吹嘘这件事，然而他不知道有老师在浴室隔间里。于是所有作弊的学生都被抓住了，高中最后 3 个月他们被罚课后留校，这件事的主谋在毕业之前被学校开除了。天哪，我真的非常庆幸自己当时听从了脑海里父亲的话，没有付钱。"

你当然可以不厌其烦地对孩子耳提面命地强调"要做一个诚实的人"，但这些都不及真实的故事给他们带来的影响，尤其你还是故事的主角。给他们讲述你在学校里的"壮举"，你冒过的险、犯过的傻。相信我，他们会非常乐意听的,甚至他们还会把你说的话讲给年幼的弟弟妹妹听。

埃德笑着和我提起,他无意中听到大儿子对小儿子说:"你真的相信这件事吗?你可是个聪明人。你知道的,就像爷爷和爸爸说的那样,'如果你觉得某些东西散发着臭烘烘的鱼腥味,那么大概率你并不想把那东西抓来吃。'不要犯傻了。"

年长的哥哥已经迅速吸取了爸爸讲过的人生教训。

如果从孩子的口中听到你为他们讲过的自己的人生故事,说明你在为人父母这件事上做得还不错。

> 如果从孩子的口中听到你为他们讲过的自己的人生故事,说明你在为人父母这件事上做得还不错。

案例二:沮丧的女服务生

你们一家人坐在餐馆里,看到女服务生非常客气地同一个大吵大闹的男人交涉。好不容易等男人离开,女服务生走到桌前为你们点餐。

她为自己耽误了时间而道歉,而你则绽开笑容道:"没关系。不得不说,就在这么几分钟之内,你要应付的事情还挺多的。但我注意到你对待那个看上去气急败坏的男人非常有礼貌。你的言行举止在很大程度上反映出你所具备的品质,以及这家餐馆雇用你的原因。"

当你发现他人的优点时,不要吝惜赞赏,你的孩子会借此了解什么是专业、善良以及全面地看待问题……而不是仅考虑自己饿得咕咕叫的肚子。

除此之外,你还送出了一份祝福。原本那位女服务生可能觉得今天真是糟糕的一天,然后垂头丧气地回家。但这样一来,她会微笑着从你的桌前离开。

一举多得。

这样教礼貌，让孩子握紧社会交往的敲门砖

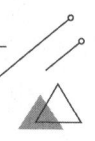

当你为孩子踏上人生之旅做准备时，不要忘记最基本的信条——保持礼貌。如今，很多人在成长过程中从来没有人教过他们说下面这些话，这一点让我感到非常震惊。

- "请。"
- "谢谢。"
- "我很感激。"
- "对不起。"
- "有什么能够帮助你的吗？"
- "打扰一下。"
- "这样可以吗？"

事实上，一些企业家告诉我，他们并不指望新员工懂得接待客户的基本礼仪，毕竟他们全部要接受培训。许多员工甚至还缺乏努力工作的态度。他们中的很多人并没有准备好应对日常生活中的诸多情况，例如意识到自己赚的钱要比在衣食住行上的开销多，还得留一些钱以备不时之需。

建立莱曼卓越学院（Leman Academy of Excellence）的初衷是确保孩子们不但能够接受传统的知识教育，还能培养各种品德，比如诚实、乐于分享、乐于助人、善良，以及有礼貌。举个例子，我们开设了礼仪课程，教授孩子简单的礼貌举止，这些内容让他们在任何社交场合中都能给别人留下好印象。

刚开始上课的时候，我知道他们心里在想些什么：

- "这太蠢了。我为什么要学习怎么做饭？我直接出去吃就好了。"
- "为什么我们要学习餐桌上摆放的每一把叉子都是用来吃什么的？谁会在意哪把叉子是用来吃甜点、沙拉还是主菜的？为什么我们不能直接用一把叉子吃所有的东西？直接用手拿食品不是更方便吗？"
- "说真的，我不是 2 岁小孩，为什么我要学习说'请'和'谢谢'？"
- "这太令人尴尬了，这就像角色扮演活动之'你在约会的时候要怎么做'。"
- "我真的必须要知道胸针是什么东西吗？"

我能看到教室里的学生们都在翻白眼。

但随着课程的推进，他们掌握了各种各样有意思的知识：

- 女孩偏好 2、4、8 或者 12 个人一起上厕所——这可是件重要的事。男孩则喜欢独自一人去上厕所。
- 女孩都是语言大师，即使对方的话语十分冗长，她们也能应付自如。而男孩则天生词汇量不大，有时候仅会用一个"嗯"字作为回应，尤其在他们心仪的女孩面前。
- 女孩比男孩成熟得早，相较于同龄男孩，女孩更愿意和年长一些的男孩交流。

都说男孩在谈恋爱的时候和闷葫芦似的，我们会在班上模拟各种各样的场景，例如：

场景一：一个男孩非常喜欢某个女孩，但他没胆量亲自确定对方的心意，于是他请一位朋友去问女孩喜不喜欢自己。

女孩回答道："如果他想知道我喜不喜欢他，为什么自己没勇气来问我？他都快派来一整支足球队问这件事了，我从来不和胆小鬼约会。"

场景二：3个男孩刚刚发现一件很有意思的事——女孩子和他们完全不同。但他们不知道该如何接近她们，于是他们自然而然地做出了能够吸引其他男性注意力的举动，比如互相揍对方几拳，扭打在一起。他们觉得这样很酷，一定能给女孩们留下深刻的印象。

而女孩们目睹了这等"奇景"，纷纷摇头，翻了个大大的白眼。"**简直蠢透了，**"她们想道，随即走开，"**谁会对他们感兴趣啊！**"

场景三：一个男孩想告诉女孩自己喜欢她。他径直走到女孩面前，望着她的双眼道："我喜欢你，我觉得你很可爱。"

不，他不该这么做，不然女孩一定觉得他疯了。

他应该先和她聊聊天，等她下课后陪她走一走，顺便就某些有关她的话题进行有礼貌的评价："我觉得你一定很喜欢绿色，我看到你经常穿绿色的衣服，这颜色很适合你。"

两人自然而然地开始建立友谊，而在这一过程中，男孩很快就会发觉女孩对他产生了兴趣。这种做法要比直截了当地表态"我喜欢你"要委婉得多，至少不会让彼此太难堪。

场景四：一个女孩背着一个很重的包。一个男孩走到她身边道："哇，你的包看上去很重，需要我帮忙吗？或者我帮你开门？"

进行类似的场景模拟时，话语中通常会夹杂着紧张的笑声，不少人脸上都浮现出"我简直不敢相信我们在做这些事"的神情。但当课程结束后，这些男孩就会理解为什么自己所学的知识十分重要。最后的"测试"是舞会。现在这些男孩已经懂得如何正确地和一位年轻女士相处，他们会表现得像成熟男性那般。你会很放心地让自己的女儿同他们约会。

每个男孩都会身着正装，打着领带，彬彬有礼地邀请某位女孩当他的女伴，一同出席正式舞会，有的男孩还会给女孩一张手写的请柬。他来接她的时候会顺道问候她的父母，做个简短的自我介绍，并向他们解释为什么他会选择和他们的女儿"约会"。他很感谢女孩的父母给他这次能够站在他们女儿身边的机会，并充满绅士风度地保证："11点之前我一定把她安全送回家。"

他将一枚胸针别在女孩身上，他很小心，不会碰到不该碰的部位。然后，他将约会对象领出门，放慢脚步，配合她的步伐。两人手挽着手走向汽车，他会帮女孩打开车门，等她坐稳之后再将车门关上。

在舞会现场，他会礼貌地帮她推开门，陪她走到桌前，替她拉开椅子，让她坐下。当女孩和朋友起身准备去洗手间的时候，所有的男孩都会站起来，帮各自的约会对象拉开椅子，等她们回来之后再安排她们坐下。

把她送到家门口后，他会礼貌地托起她的手，协助她平稳地走下车，陪她踏上房门前的台阶，感谢她今晚的陪伴，然后鞠躬向她告别，目送她走进家门后才转身回到车上。

你难道不希望这些从莱曼卓越学院毕业的男孩就是你女儿的约会对象吗？

如果你想培养孩子取得成功，不要忘记让他们拥有最基本的礼貌。上述举动将在各个方面为孩子助益：大学社交、工作面试、参加职业交流会、雇用水管工等。

当你教导孩子变得善良、尊重他人以及拥有其他各种美德时，你不仅为他们取得人生的成功奠定了基础，还为他们未来的家庭，甚至整个世界都做出了巨大的贡献。

为什么不尝试一下你自创的"现实生活"训练呢？在晚餐的时候构思一个场景，问孩子们："如果这种情况发生，你会怎么处理？"

孩子们踊跃发言，各抒己见，就算一开始他们这么做只是为了压过对方一头。

"你是不是傻？你不能和女孩那么说话。"

"我是女孩，难道你们不应该问问我想要被如何对待吗？"

于是大家互相开起了玩笑。

很快，向来无聊的家庭晚餐就会充满生动活泼的对话，而你的孩子一定会想要进行更多类似的交流。

相信我。

[秘诀六]

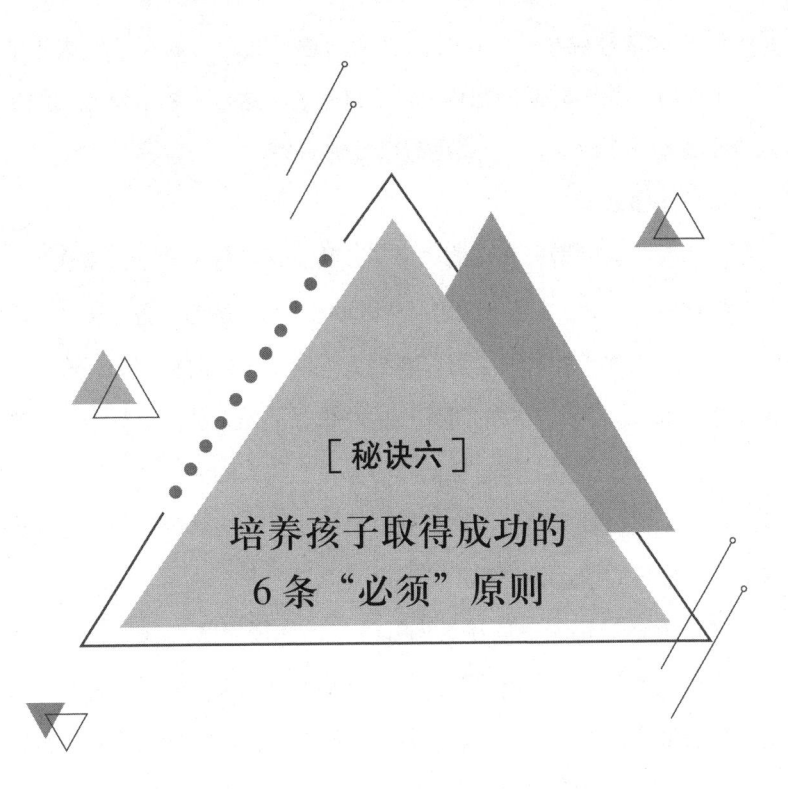

培养孩子取得成功的6条"必须"原则

"好事多磨，"我母亲经常说，"所以你必须坚持到底。"

我小时候对这种说法嗤之以鼻。母亲的意思实际上就是"快去干活，小胖墩"（小胖墩是我小时候的昵称）。不得不说，这是一种非常聪明的手段，母亲常常用这个方法催促我去做我不想做的事情，比如写数学作业，而不是在纽约北部的小溪边钓鱼。

如今，随着年龄的增长我懂的也多了，我意识到母亲的话几乎在生活中任何情况下都适用。威廉·亚瑟·沃德（William Arthur Ward）曾写道："成功的秘诀就是：在别人睡觉的时候学习，在别人无所事事的时候努力，在别人玩耍的时候做好准备，在别人祈祷的时候怀抱梦想。"如果你的目标是培养孩子成为健康、生活平衡、努力工作、慷慨和懂得关心他人的人，能够为这个世界做出积极的贡献，那么教育孩子对你来说就是一份全年无休的工作。无论碰到最好的情形还是最坏的情形，你都不能逃避。

无论这条道路是花团锦簇还是荆棘丛生，你都要坚持到底。只要你坚定了永不动摇的根本信念，无论面对何种情形都不会发生改变，那么你就给孩子创造了一个安全的行动基地。虽然随着他们不断成长，实践范围会逐步扩大，但他们的内心知晓，无论成功还是失败，自己都有可以回去的地方，那里有支持他们、爱着他们的人。允许孩子做适合他们这个年龄段的决定，会自然而然地遏制不良习惯的发展，缓和紧张的亲子关系，同时也有助于他们养成优良的品德，跨越成功路上的障碍。

如果你想要培养孩子取得成功，应遵守以下6个"必须"原则，始终着眼于最终目标，保持良好的情绪和恰当的幽默感——无须再花大把的金钱看心理医生来缓解压力。

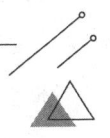

原则一：告诉孩子"你要为自己的选择负责"

人们非常喜欢做选择。

"麦肯齐（McKenzie），现在已经8点了，你还不睡觉吗？还不睡？那你想要继续看电视吗？好吧，爸爸和我去睡了。你记得睡觉前关掉电视、锁好房门。"

顺便说一句，麦肯齐今年只有5岁，是一个身高还不到1米的小姑娘。她总有办法把爸爸妈妈玩弄于股掌之间，还不会因此受到任何惩罚。因为睡眠不足，她常常无法按时起床。在她迷迷糊糊地醒来后，父母会买零食哄她开心，为她没能及时去上幼儿园的不当行为找借口。

这样的父母需要马上做出改变，且越快越好。不然在几年后，这位"小公主"体内就会产生一股不可忽视的力量。

有时候人们会认为"秩序"和"管教"是贬义词，因为它们代表着限制。但实际上，在适当的场合里，且有正确的目标作为指引，它们会发挥积极的作用。

为什么我们说一定要在家里立规矩，父母要有父母的样子，允许孩子做适合他当前年龄段的决定？这是因为，如果孩子学不会从小事开始肩负起责任，我们就无法培养他的责任感。当他做出选择之后，就要对结果负责。

打个比方，早餐时间你问比福德（Buford）："你想吃小动物饼干麦片还是脆谷乐麦圈？"

他当然会选择"小动物饼干麦片"，因为这个名字听上去很有意思。

于是，你往他碗里的小动物饼干麦片上浇牛奶。而就在这时，会发生什么？他改主意了："我想吃脆谷乐麦圈。"

这时候，权威型父母会采取明智的行动：让孩子品尝他所做的选择的后果。

145

"你明天当然可以选择吃脆谷乐麦圈，但今天你已经做了决定，所以只能吃小动物饼干麦片。"然后你转身离开，去做其他事情。

那孩子要么把自己选择的小动物饼干麦片吃完，要么早上就饿着肚子。哪一种情形都不会要了他的命，而品尝仓促决定所带来的后果对他来说无疑是一次很好的教训。

如果你只记得住本书的一个内容，那么请牢记这句话：你无法让已经泡软的麦片重新变脆。一旦做出选择，就覆水难收，所有人都必须接受自己所做的选择带来的后果。

孩子越早意识到这一点越好。

> 你无法让已经泡软的麦片重新变脆，你必须接受自己所做的选择带来的后果。

让我们来看以下情形。你打算开那辆最丑的黑色内饰四门旅行车送孩子上学。

儿子指着那辆车道："你为什么不开科迈罗（Camaro）或者野马（Mustang）？不管哪辆车，只要它酷一点儿就行，我今天必须坐这个去上学吗？"

你耸耸肩道："这就是现实。但你可以选择坐车或者穿着脚上那双新买的运动鞋走5千米的路去上学。"

他无奈地坐上了车。但距离学校还有一段距离的时候，他说："啊，我在这儿下车就行。"

"可这里离学校还有1千米呢。"你答道。

"我想在这里下车。"他坚持道。

于是，你把他放下车，显然他要走的路比预想中要远得多。但是，这是他的选择，他很快就能适应那双新鞋。如果当晚他因为这次"多余"的锻炼而筋疲力尽，就好好受着吧。他要么明早改变主意，要么通过走路减掉脸上的婴儿肥，再练出点肌肉来。

原则二：教孩子尊重父母，否则孩子不会尊重任何人

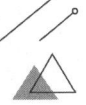

家长在这个世界上存在的价值可不是让孩子骑在自己的头上作威作福。

同样地，父母也不是专门对孩子发号施令的国王，他们也不是棋盘上的兵卒。

看看当下总是把"给我"挂在嘴边的这一代人，他们的行为说明了什么？"是我在管你，而不是你在管我。"

但让我们承认一点：如果没有你，孩子连内裤都穿不起，可能只能光屁股了，遑论还能用上手机或者其他那些时髦的小玩意儿。所以，到底是谁在愚弄谁？

你每次默许孩子拖你后腿的行为，都是在放任他们窃取你的权威。

莱曼博士的 10 秒钟解决法

问题：我 3 岁的儿子从来不在正常的用餐时间吃东西。每次我把食物放在高脚椅的托盘上，他都会目不转睛地盯着我们，然后一把把盘子"扫"到地上，飞溅的食物把地毯弄得一团糟。最终，我们放弃让他在这种时候吃东西了，他喜欢玩就去玩吧，至少其他人能安静地吃顿饭。但我该怎么做才能改变他的这种行为？

答案：首先，买一张厚实的塑料游戏垫或者画家用的那种塑料膜，或者其他的容易清理的覆盖物。确保用它覆盖好所有"投掷"范围，包括墙面。这样一来，你的地毯就不至于遭殃了。就算上面的污渍已经无法去除，邻近的其他

物品却能幸免于难。接下来，就让那个身材矮小的"四分卫"尽情发挥自己的投球技巧吧。别忘了事先提醒坐在桌边的（外）祖父母，或许他们也在"射程"之内。

其次，像往常那样将食物放到他面前的托盘上。如果他把托盘打翻或者开始扔吃的，无论"食物子弹"掉到哪里，就让它待在那儿吧，不要再给他补充武器了。

最后，针对他的行为不要做出半点反应，什么都不要说。虽然要做到这一点非常困难，但记得提前和家里人协商好，完全无视他。整个晚餐过程中他都不能离开那把椅子，无论他怎么大喊大叫都不管用。

他之所以会做出这种无理取闹的行为正因为它产生了效果：既吸引了你的注意力，还让所有人都围着他转。如果他有兄弟姐妹的话，你可以将这种现象称为"早期手足竞争"。而当这种行为未能让他得到自己想要的——也许是另一种食物，或是摆脱那把硬邦邦的高脚椅坐到你柔软舒适的大腿上，抑或玩地板上的玩具——他就会停下来。

如果这种现象已经成为你家里吃饭时的常态了，你就必须坚持自己的安排，直到建立起新的行为模式。最终，由饥饿引发的自然后果会超越一切，哪怕是最执着的"投掷手"也会意识到："哦，如果我把食物扔出去，它们是不会再回来的。"

尤其当他的兄弟姐妹正坐在桌子对面心满意足地大吃大喝时。

我希望你将家长的权威设想成一块曲奇饼干。每次你不经思考就采取行动，就损失了这块曲奇饼干的一小部分；每次你允许其他人管教你的孩子——无论是教练、老师、夏令营工作人员、（外）祖父母或者朋友，你同样损失了这块曲奇饼干的一小部分。最终，这块曲奇饼干一点一点地消失了，这相当于你放手让他人来塑造孩子的成长。

这也是为什么你要非常认真地选择待在孩子身边的人。这些人是否能够以身作则，使孩子养成你希望他能拥有的品格（也就是你的"理想品格清单"上的内容)？或者这些人不过是你不在孩子身边时的"备胎"，以及孩子取得成功的路上的垫脚石？

象征着家长权威的曲奇饼干损失得越来越多，最终就只剩下残渣了。众所周知，曲奇饼干渣完全没有一整块曲奇饼干更具吸引力。

因此，永远不要让你的放任行为或者其他人对孩子的影响削弱你作为家长的权威。孩子们都很聪明，他们知道谁说了算。所以，到底是你还是他们说了算？

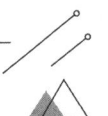

原则三：学会"非暴力"沟通，别让孩子用一生治愈童年

孩子口中的这些"指令"激起了许多父母的报复心理：

- "别靠近我。"
- "你冷静点。"
- "这是我的地盘。"
- "你太笨了。"
- "我恨你。"
- "你根本什么都不知道。"

而我在成长过程中最喜欢说的一句话是："别大惊小怪，哥们儿。"

我知道，当你十几岁的孩子在情绪激动时会做出拒人于千里之外的行为，他们仿佛在尖叫着"离我远点""滚出我的生活，滚出我的地盘""我需要自己的空间"。这种情况下你心里一定也不好受。

如果你的孩子正值青春期，我相信类似的话你已经听过很多遍了。而当这些尖酸刻薄的话语从你孩子的嘴巴里冒出来的时候，你又是怎么做的？你也许会当着孩子的面说："你知道自己在和谁说话吗？我可是你爸爸/妈妈。"

你当然可以这么做，不过我想你已经知道这么做的后果是什么了。紧张的局面进一步升级，双方都怒气冲冲，好几天不和对方说话。你们家的氛围要么是七月中旬的大沼泽地，要么是隆冬的北极圈。

尝试些新的办法。不要理会孩子说的那些话，耐心等待教育机会的降临。

18岁的孩子走到你跟前，说："啊，爸爸，我能开家里的车吗？我要去见几个朋友。"

在听了他的请求之后，你耸耸肩道："我想帮助你的，但现在我已经不在你的生活里了。"

"什么？"儿子一脸茫然地问道。

"今早你说，你不喜欢我出现在你的人生中，"你平静地答道，"我正按照你说的去做呢。我离开了你的生活，所以你需要我帮你做的事情，包括同意你用车，我都无能为力了。"

这一策略会让任何孩子在下次开口前"三思"，以免说话不经大脑。

现实管教法，即让后果代替你说话，你无须再说教，在以下任何场景中都适用：

- 你的儿子在口头上对你不尊重，在公开场合让你难堪。
- 你的女儿经常撒谎。如果你问："是谁吃了最后一块樱桃派？"她想都不想就回答："不是我。"哪怕此刻她正手握叉子，叉子上叉着最后一块樱桃派，并且她的嘴唇上还残留着樱桃渍。
- 你的双胞胎儿子生气的时候会互相啃咬对方。
- 你的儿子说他在上音乐课，但实际上他没在教室里。
- 你的女儿又向你要钱。她已经花光了这个星期的零用钱，而今天才星期二。
- 不管你说什么，你的儿子都要顶嘴。
- 你的女儿总是"忘记"做家务，直接去睡觉。
- 你的儿子从来不承认自己做错事，他认为一切都是妹妹的错。

综上，当孩子再发出那些尖酸刻薄的指令时，闭上你的嘴，然后从当下的情境中脱身——这两点非常重要。如果你的身体无法逃离的话，至少把自己的注意力转移到别处。

想想你最喜欢的湛蓝的天空，海滩上一片片的海浪，还有那些插着装饰的水果饮料……

现在是不是感觉好多了？

我知道这个建议说起来简单、做起来难，我们在陷入愤怒情绪的时候很难做到这一点。但在这种情形下，你要做出成年人应有的行为，毕竟你具备更广阔的视角。如果孩子无法从你身上学会容忍、耐心以及恰当地表达沮丧之情，那么他们还能从谁身上学到这些呢？

莱曼博士的10秒钟解决法

问题：我儿子今年11岁，他非常懒惰，什么事都做不成，更不用说守时了。他上学的时候常常迟到，还总是冲我发火，说问题出在我身上。我该怎么处理这件事？

答案：小事一桩，你可以从明天起就采取行动。如果快到上学时间他还不起床，不要当他的"闹钟"，一次又一次地提醒他。索性让他睡到自然醒，然后手忙脚乱地准备去上学。你可以像往常那样开车送他去学校，也可以载他到公交站。但记住要保持冷静，不要搭理他那些气话。如果他想推卸责任，也无须进行任何回应。你只需在校门口愉快地对他说："一切顺利！"然后轻轻挥手，头也不回地离开。

除此之外，也不要找理由给他请假。受到任课老师、班主任或校长的严厉批评有助于他"长记性"。如果你事先悄悄给学校办公室打个电话，跟他们商量："我希望你们可以帮我个忙。我儿子上学经常迟到，我想要改正他这个坏习惯。如果你们能帮我把他叫到办公室严厉地教育一下，我会非常感激。"推动他们开展一场谈话，效果无疑会更好。相信我，校方的工作人员会认为你是一位十分有智慧的家长，并且愿意配合你。

而你儿子今天可能就过得不那么愉快了。但毫无疑问，他今天能吸取一些教训，哪怕他暂时会生你的气。毕竟，在现阶段你仍旧是他的衣食父母。

针对你儿子其他的懒惰举动，不要帮他做任何事，也不要提醒他。如果任务没完成，让他自己品尝后果。现实的打击永远比家长的长篇大论有效得多。

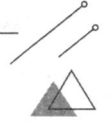

原则四：两个窍门让你的说教有回应、有效果

- "我告诉过你，不要那么做，我说过多少遍了？但你还是不听话。你是不是傻？你打算一辈子就这样浑浑噩噩地生活吗？"
- "如果你再这样做，我就禁足你一个月。"
- "我说了不行，我说话算话。你是不是不听我的话？那下次你要求我做什么，我也不会做的。"

所谓"世上无难事，只要肯放弃"，父母布置的任务连他们自己都经常完成不了。针对这一点上，我们恐怕都可以获得"最先放弃奖"。当我们不假思索地如此行事时，不仅没能坚守住自己的立场，而且会"搬起石头砸自己的脚"。

当冲动情绪占据上风时，本能反应让我们口不择言、胡乱指责他人。我们会伤害他人的感情，小题大做，偏离重点，或者随口许下根本无法履行的承诺。

孩子反复犯同样的错误，并不能证明他就是愚蠢的……除非他一而再、再而三地把手指插进插座里电到自己。

对于父母说的话，所有孩子都选择听其中几句，很大一部分原因是父母对孩子说话的态度时常太过随意。当你和他们讲话时，他们的大脑中实际上存在着很多想法。你是否会认真倾听孩子说的每一件事？别人跟你讲的事你都能记得住吗？你做不到，孩子也做不到。

那我们要如何让孩子听话呢？试试以下这些小窍门。

只说一次

同一句话不要翻来覆去地讲，只讲一次孩子可能更容易听进去。如果你只把要求说一遍，之后也不再进行任何提醒，相当于告诉他们："我们彼此尊重，所以要认真听对方说话。我只把话讲一遍，我相信你听清楚了。"

如果孩子选择不听话，没有按时完成家务，那么她就不能和家人一起吃冰激凌。如果你告诉他提前15分钟坐进车里，但他却没能做到，那么他就别参加足球比赛了。

如果孩子选择不听话，导致他们没得到自己想要的结果，那么等下次你再开口的时候他们无疑会更加用心去倾听。让现实结果代替你的说教，这样你就省事多了，你无须再唠叨、提高音量或进行威胁。

说话算话

没有什么比优柔寡断的父母更让孩子没有安全感了。他们往往刚说好了一件事，一转眼就改变了主意。如果你说自己今晚会回家，别反悔，只要不遇上龙卷风，没有什么能够阻挡你回家。如果你说自己不会做什么事情，同样要坚持到底。

惯例和可预测性对孩子的成长大有裨益，能在纷杂混乱的世界当中为他们创造一方温暖和安全的天地。

> 惯例和可预测性对孩子的成长大有裨益，能在纷杂混乱的世界中为他们创造一方温暖、安全的天地。

生活中并非每件事都对孩子是健康的、有益的。但倘若你能够划清界限，明确地为孩子们指引方向，而非动不动就立规矩，则有助于鼓励孩子在一片安全地带中去探索和发现。有了明确的边界，孩子们就知道一旦从这里跨越过去会发生什么事情——后果就会降临，并且没人救得了他们。因此他们会提前做好应对的准备。

说得不能太多，也不能太少。正如经典童话故事里金发姑娘的原则："一切要刚刚好。"

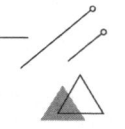

原则五：坚定地拒绝孩子不合理的要求

试着照我说的去做：站在一面镜子前，练习说"不"。

一遍接着一遍地说，直到你可以轻松且满怀自信地将这个字脱口而出。要想让孩子取得成功，你必须要对他们说这句话。

有些家长奉行"快乐至上"的原则，为了让孩子开心，经常让自己筋疲力尽。如果你大包大揽了所有事情，待孩子长大后，步入更广阔的世界中，他们将如何解决问题呢？旁人可不会像你一样，把让你的孩子开心视为自己的第一要务。

只会点头的父母容易培养出幸福感低的孩子。当要求得不到满足时，他们会认为整个世界都亏欠自己。除非你能够运用管教法教育孩子，不再帮孩子收拾烂摊子，否则他们在长大成人后会遇到更多的问题：

- 他们认为错误永远不会出现在自己身上。即使出现错误，那也是其他人的问题。
- 他们会为了方便而说谎。
- 如果工作没有完成或者完成得不够理想，他们就会找借口。
- 如果自己不想完成任务，他们希望别人来替自己完成。
- 他们永远是受害人，而非作恶者。
- 他们总是在索取，不懂得给予。

如果将人生视作一场嬉戏，到头来不过是"竹篮打水一场空"，真实的世界绝非如此。这就是当下就让孩子体会到后果对他们来说是最好的选择的原因。小朋友不开心没什么大不了的，甚至这有时候还是一件好事。我经常说："会不开心的孩子才是健康的孩子。"因为不开心的情绪会诱发改变。

让我们这样想：作为成年人，你想开车去哪里都行。但如果你在北向行驶的路段往南开，就会给自己和他人带来麻烦。

你的孩子也一样。无论什么时候，他想做什么都行，那是他的自由。但如果他的行为不利于培养成功人士必备的特质，甚至伤害到了自己或者旁人，你就要好好地给他上一课了。当然，这堂课多半不会让他开心。

- "不，你不能去他家过夜，你明天还要上学。"
- "不，你还没有完成我交代给你的任务，完成之前你哪儿都不能去。"
- "不，我不能给你吃饼干了，半个小时之后我们就吃晚饭。"
- "不，我不能给你买那个，它的价格超出预算了。"
- "不，我现在不能帮你，等我照顾好你妹妹才能来帮你。"
- "不，我现在不能给你讲故事，现在是妈妈的休息时间，也是你的休息时间。"
- "不，我现在不能回答这个问题，我在打电话。"
- "不，你不能自己开家里的车，你还只是学员，没有获得正式的驾照。"

在必要的时候开口说"不"。语气平静，态度平和，直截了当地阐述理由，就像上述的例子那样。

让孩子越早品尝到"不"的滋味越好。牢记：会不开心的孩子才是健康的孩子。

在孩子面前保持理智的 5 个关键

1. 行为是个人产生的，但不要因此针对谁。
2. 不要做出反应，顺其自然就好。
3. 孩子不是你的所有物，他是独立的个体。
4. 开口说话之前不要想太多，孩子会控制自己。
5. 无条件地去爱。

原则六：好事多磨，再难管教的孩子也不能放弃

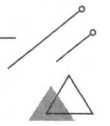

在电影《肖申克的救赎》（The Shawshank Redemption）中，被判终身监禁的安迪·杜佛兰（Andy Dufresne）花了整整20年的时间用一把小锤子挖出了一条通往自由的道路。要想到达自己心中的目的地——囚禁他的监狱之外，他必须坚持不懈，忠于自己的使命。

这部电影能够为家长带来很大启发。

有些家长手持"大锤"，想要强迫孩子按照他们的想法取得成功。但这一过程就好比硬要把一枚方形钉子敲进圆形的孔洞。

把一枚方形钉子敲进圆形的孔洞显然不太合适。这种方式根本不会奏效，而且那个孔洞的形状也并非孩子所追求的成功。

还有些家长会尝试用手帕磨平孩子尖锐的棱角，但有时候一张结实的砂纸比手帕更有效。

眼光长远的明智的父母明确地意识到，好事多磨。要想培养信奉"什么都无所谓"这一理念的一代人取得成功，自己无疑需要具备更加坚定的信念并持之以恒。如果不以正确的方式相处，你和孩子之间的感情迟早会消磨殆尽。但只要你能控制住自己的情绪，坚持采用良性的方式教育子女，允许孩子做适合他这个年龄段的决定并且承担相应的后果，那么你一定会像一个经验丰富的专家那样沉着应对这一路上的困难。

你是否教导过孩子为自己的行为负责？他是否有能力承担具体的任务，并且按时完成？打开通往转变态度、行为和性格的大门最有效的方法就是展开一场诚恳、心平气和及开诚布公的对话。

人生并非一个预设好结局的童话，哪怕我们有时候希望它如此。它是实实在

在的,中间穿插着许多混乱的章节。但你可以从现在开始遵循以下3个简单的原则:

1. 让孩子承担起在当前年龄段应该承担的责任。
2. 允许孩子自己做决定。
3. 让孩子对自己的选择负责,无论产生何种后果,他们都要自己承担。

培养孩子取得成功并不容易,但真要总结起方法来也很简单:改变你自己,改变你的孩子。

这是一个牢不可破的原则。

我的生活是如何改变的:艾丹(Aidan)的故事

作为两个十几岁孩子的父亲,我经常会因为他们对我言语不敬而发火。实际上,我说话的方式也非常不留情面。不用多说,我们之间的关系很差。

但在过去的一个月时间里,我遵循你的建议改变了沟通方式。上个星期,我14岁的女儿因为我没给她100元钱向我发火。她冲我吼道:"你太蠢了,你根本什么都不明白。"

这次我没有像以往那样"收拾"她,我回答道:"是的,你说的没错。有时候我就是很笨,但你可以尝试向我解释清楚我的愚蠢之处在哪里。想聊天的话随时找我,我很愿意听。"

然后,我离开了房间。等她安静下来,我没忍住向房内偷偷瞥了一眼。

我女儿一脸困惑。这时,她弟弟走进房间,于是她问道:"唔,我觉得爸爸有些不对劲。你有没有觉得他哪里不一样了?我的意思是,过去一整月他都表现得有点夸张。"

而这一刻正是我们之间的相处模式发生改变的开始。我花了整整3个星期的时间才坚守住一定要做出改变的想法。功夫不负有心人,自此之后,我和孩子们终于能好好说话了。

你是对的,改变一定要从自己开始。

[秘诀七]

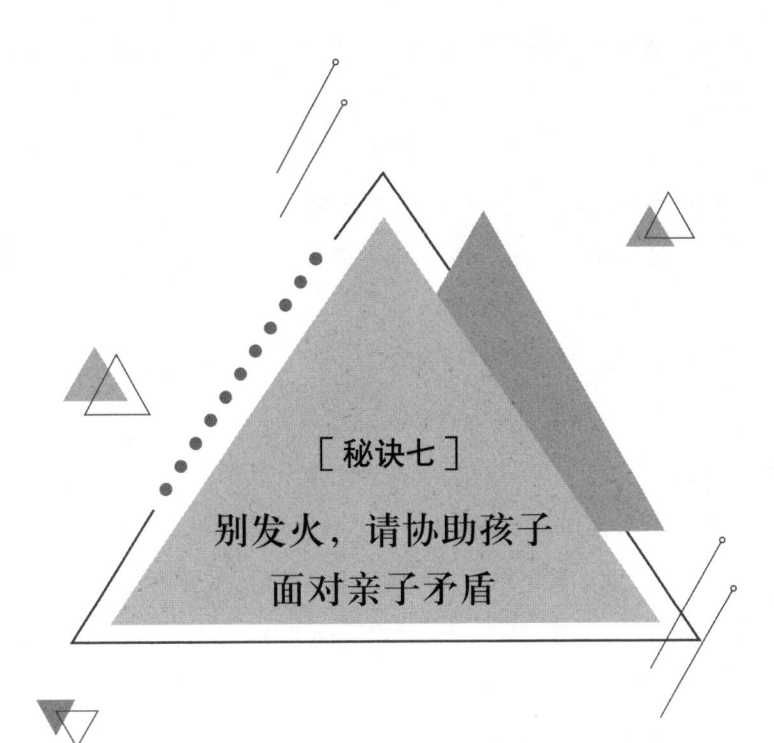

别发火,请协助孩子
面对亲子矛盾

- "无论我说什么,他都要顶嘴。"
- "我的孩子就知道打架。这都快成了他的日常了,我真的好烦恼。不论我说什么或者做什么,他们依然要打架。"
- "她最擅长的一件事就是惹麻烦。虽然她不是每次都是故意的,至少我认为她不是,但我还是要帮她收拾许多烂摊子。"
- "他倒是会听我说话,却完全不按我说的去做,就像在故意刁难我一样。"
- "如果孩子再用那种语气和我说'不',恐怕我就要大发雷霆,做出一些将来我可能会后悔的事情了。"
- "我很担心她,因为她对待人生的态度总是非常敷衍。"
- "他没有目标,就像一辆在马路上到处晃悠的汽车,不能好好行驶在一条车道上。而家里其他人都在快车道上'行驶'。"
- "自从她13岁起,我们之间就没有哪次对话不是以大吼大叫或者陷入冰冷的僵局告终的。这到底是怎么回事?"
- "他太在乎自己的朋友了,完全忘记了家人的存在。"

以上只是我听到的父母诸多抱怨中的几个例子,他们都在寻求方法消除亲子关系中的摩擦。

我们都爱着自己的孩子,但老实说,有时候我们的"羊群"真的不太讨人喜欢,对吧?他们经常惹麻烦,把自己弄得一团糟,偶尔完全不服从我们的命令,独自去"冒险",然后被困在荆棘丛中出不来。我们还得花时间把他们拉出来,而这项工作既痛苦又令人厌烦。

最重要的是,"羊群"里总有一只"小羊"是个"麻烦精",那个孩子经常让你心烦意乱。有时候你必须暂时将他移出"羊群"一段时间,否则他可能会"带坏"整个"羊群"。

如何避免被"熊孩子"操纵情绪

当家长和孩子发生冲突时,大多数父母通常会选择以下两种做法中的一个来化解冲突。

选择一:你用言语、行动或物品安抚孩子,满足他们提出的各种要求。你的座右铭是:不惜一切代价换取和平。简而言之,你把孩子收买了。

但问题是,这种和平持续的时间会非常短暂。这真的是你想要的吗?你难道不想立刻结束冲突吗?如果想的话,那你就需要具备结束冲突的能力,在本章节中我将告诉你该怎么做。

选择二:你和他"针尖对麦芒",不获得胜利就不罢休。你坚守立场,告诉自己:"这孩子一定要受到惩罚。难道他意识不到我是谁吗?我是他母亲。我花了整整9个小时辛辛苦苦地生下他,他凭什么这么对待我?"但如此一来,你正中他的下怀,因为你参与了这场"战斗"。

如果你和一个执拗的孩子"开战",结果一定是你输。因为相较于孩子,你才是更加输不起的那一个。孩子具备一种神奇的能力:知道自己什么时候能把你逼上绝路。

> 如果你和一个执拗的孩子"开战",结果一定是你输。

在外你要维护自己的名声,不想在朋友、同事或者亲戚面前丢人。但作为家长,你同样有责任不让孩子在他的老师、朋友面前丢人,否则这会对他造成"永久性的心智受损"。虽然你也不太确定"心智"到底是个什么概念,但你一定在很多有关子女教育的博客里阅读过相关内容。

来看看我和乔伦娜（Jolene）的对话。她是 3 个孩子的母亲。9 岁的大女儿梅洛迪（Melody）可让她累坏了。

"她还在襁褓里的时候就非常难哄，经常哭，特别容易不开心，"乔伦娜告诉我，"随着她年龄的增长，这种趋势愈演愈烈。她才 9 岁，就会说'我希望自己出生于另一个家庭''我很丑''我恨我自己'之类的话，我尝试让她不要这么想，强调她所拥有的所有好的东西。但无论我说什么好像都根本不管用。"

"你觉得她为什么会说那些话？"我问道，"你有什么头绪吗？"

"她说的那些话触动了我。我小时候家庭条件很差，经常想离家出走，但我从来没说过这些话，因为我不敢。听到我女儿这么说，我感觉很糟糕。"

"那我再问你一个问题，你有没有让她在生活中受委屈？"我问道。

乔伦娜若有所思，皱了皱眉道："并没有。她的生活条件很好，她有我们和朋友陪伴她，还有玩具可以玩，并且她长得也不丑。我真的不知道她的想法是怎么产生的。"

我微笑道："我知道。有一股力量在影响你的孩子，她已经找到吸引你注意力的最佳方法了。她知道你心里的那根'弦'在哪儿，并且她还非常擅长撩拨它。而你对她有一种过度认同感，因为你的童年不幸福，所以想要替她扫清道路上的障碍，避免让她去经历那些不好的事情。但实际上你们两个人的成长环境截然不同，她有一个美满的家庭。"

"为了持续吸引你的注意力——毕竟现在有两个年幼的孩子夹在你们母女之间，她已经找到了办法。**我只需要告诉妈妈'我不是好孩子，我长得很丑，我这个……我那个……'，我就能吸引她的注意力，想要什么她都会给我。**这一举动的目的就是让你说：'梅洛迪，为什么你要那么说呢？你明明是这么漂亮的女孩子。你很擅长……'为了让她不再贬低自己，你得不断地夸奖她，哪怕有些赞美言过其实。"

"那个女孩不过是在玩弄你，而你任由她摆布自己，从头到尾只有你一个人觉得心里难受。只要这种行为还奏效，梅洛迪就会继续将它进行下去。所以当她下次再'自怨自艾'地长篇大论时，不妨试试说：'梅洛迪，我很抱歉你居然是这样看待自己的。老实说，我不这么认为，但你的想法和感受取决于你自己，我也改变不了。'然后转身离开，去忙其他的事情。"

"博士，你真的觉得这样做管用吗？"乔伦娜问道。

我微笑道："我保证，一定管用。成千上万的父母都曾遇到过同样的问题，他们就是这么解决的。你自己试试看就知道了。"

3个星期之后，乔伦娜打来了电话，她欣喜若狂地说道："哇，这个方法真的管用！我们全家人都更开心了，家里的氛围终于不再是死气沉沉的了。"

如果孩子一直扯你背后隐形的链子，是时候把整根链条都斩断了。坚守住立场，一旦下定决心抽身，就不要再重新落入陷阱。每当孩子玩起"扯链子游戏"，你直接转身离开，那么"游戏"很快就会变得无趣起来。

莱曼博士的 10 秒钟解决法

问题：我已经厌倦了家里摔门的声音。儿子有时候会因为生气故意摔门，有时候只是回家或出门时不小心摔门。但无论如何，哐哐的摔门声经常出现。我该怎么制止这一令人头疼的行为？我简直要被逼疯了。

答案：没有什么是一把螺丝刀解决不了的，如果家里没有就向邻居借一把。如果你的孩子喜欢摔他卧室的门，直接把门拆了，让风自由地吹进屋。孩子都有隐私，一旦"安静地关门并保护隐私"和"公开隐私"摆在天平的两端，99%的孩子都会选择前者。

但如果他摔的是家里的大门，可能这种方法就不合适了。

但你可以尝试半开玩笑地说："哦，我忘记说了，下次摔门的时候你可以再使点劲儿，让所有邻居都感受到你的力量。"这比大声咆哮"你以为我们住在谷仓里吗？关门的时候记得我们是住在房子里！"效果要好得多。

或者你也可以悄悄地把爱摔门的孩子拉到一旁，装作不经意地说："我在想你能不能帮我做件事，我需要你的帮助。"当孩子和你四目相对时，你继续道:"摔门的声音真的让我很困扰,这不但打扰了我工作,还让我变得神经质,引发头疼。所以我希望你下次不管是出门还是回家,都稍微扶着点门,让它关起来的声音小点。我和家里的每个人都说了,希望你们都能帮忙。"

如果你们家爱摔门的孩子不止一位,想要给问题的解决再添一点"火候",不妨设置一个"摔门存钱罐"。一旦有人摔门被发现,他就要在罐子里放 1 元钱。到了月底,摔门次数最少的孩子就可以拿到罐子里的"战利品",随便他怎么花。

让我们开始良性的手足之争吧!

为什么孩子能轻易点燃你的怒火

针对乔伦娜和梅洛迪的案例，我还想指出的一点是，乔伦娜之所以很容易受女儿的话的影响，是因为她在自己成长的过程中就觉得自己长得不好看，讨厌周遭的一切，希望自己可以生活在其他地方。一想到大女儿会像她那样长大，经历同样的事情，乔伦娜就觉得十分痛苦。

受自身情绪的影响，乔伦娜未能意识到女儿的成长境遇和自己的截然不同。最重要的是，梅洛迪并没有真的认为自己长得不好看，她只不过是故意用话语吸引母亲的注意力，激发她的同情心罢了。在乔伦娜决定抽身之前，设下这个圈套对梅洛迪来说屡试不爽。

想想你和哪个孩子吵架的次数最多。你只需 1 秒钟就能想到，因为他实在太有存在感了，他的话语和恶作剧每次都能让你的血压升高。

但实际上，那个孩子是谁？他是那个最像你的人，你们两个如公羊般，用自己的角顶着对方的角，争夺着领地，固执地坚守各自的立场，一步也不愿意退让。他总是能轻易点燃你的怒火，甚至连你自己都不清楚自己发火的原因。但只要你了解他，了解你自己，明白是什么原因导致你俩处于这样的相处模式中，你就能以积极的心态解决这些问题。

孩子性格跟父母不同该怎样教养

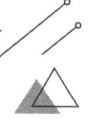

虽然孩子们都出生于同一个家庭，彼此的性格却截然不同，对此你一定感到很惊讶吧？虽然每个人都与众不同，但通过多年对出生顺序的研究，我得以根据一些线索窥见家里的长子/女、独生子女、排行中间的孩子和最小的孩子对待自己的人生和兄弟姐妹的态度都是什么样的。

我们就用莱曼家来举例。梅·莱曼（May Leman）和约翰·莱曼（John Leman）一共有3个孩子：萨利、杰克和凯文。

姐姐萨利比我大8岁，是个很了不起的人——她是那种出门倒垃圾之前都会给垃圾袋打个蝴蝶结的人。如果你去她家做客，进门之后，首先映入眼帘的是一条干净的乙丙烯跑道，指明了通往每一个房间的路。左转进入客厅，你会发现那些闲置的家具上都罩着盖布，以防落灰。此外，她还会按照调料名称首字母顺序排列调料罐，熨烫长沙发上的装饰巾。她的孩子自打出生那刻起就懂得色彩搭配。

这就是我的大姐：一位学生、成功人士和掌控一切的完美主义者。她的丈夫是个牙医，也是家里的长子。他的座右铭是：找到牙洞、钻开牙洞、填补牙洞，接着"给这个牙洞开账单"。

我哥哥是典型的在家中排行中间的爱调皮捣蛋的孩子，但同时也是家里的第一个男孩，所以他继承了我父亲的名字，也叫"杰克"。杰克是高中校橄榄球队的明星四分卫，在毕业舞会上被评选为"校草"，他获得的其他荣誉更是不胜枚举，我非常崇拜他。我至今还记得，他即将高中毕业的时候我还是初中生，我穿着他印有"12号"字样的球衣走在校园里，仿佛自己是站在世界之巅的大力神。

还有一个孩子名叫凯文，绰号"小胖墩"，那就是我。我就是那个申请了140所大学结果全部被拒绝的人。没有一所大学录取我。我甚至申请了教会学校，但结果依然没有改变。几十年过去了，我还记得他们给我回的那封信的内容：

万分遗憾，你的成绩没有达到录取标准。并且，根据我们的观察，就算我们发给你入学通知书，你也不能达到毕业要求，顺利毕业，所以我们不得不拒绝你的申请。

我拿到信的时候非常激动地对哥哥喊："杰克，我考上大学啦！录取通知书就在这儿。"

"太棒了，"他答道，"在哪儿？让我听听他们是怎么说的。"

于是我给他念了信。

他听后笑道："傻瓜，你没有被录取。他们拒绝你了。"

所以你看，17岁的我就是这个样子。我那时在研究数学，想知道如果我有3个苹果，别人吃了两个之后，我还剩下几个苹果。

彼时的我毫无动力，我不知道自己在干什么，也不知道自己要往哪里去。难怪我经常把老师和家长逼疯。想到这儿我不禁摇了摇头。

现在，你应该能理解为什么我相信每个孩子都能取得成功了吧？而你，作为家长，只需帮助他们找到正确的方法即可。

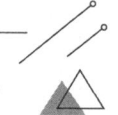

多子女家庭中，孩子们分别扮演怎样的角色

你可能会认为自己所有的孩子都来自"同一个窝"，实则不然。因为每当家中多增添一个孩子，这个"窝"的构成就会改变。

下面让我们来看看每个孩子来到你们家的情形。为了凸显差异，我们将每个孩子置于相同的环境中。假设全家人正在海边度假，聆听着海浪的声音，呼吸着略带咸味的空气……

长子/女

这个孩子站在海滩上观察周围的环境。他通过电子设备查询了当地的温度、风速、降雨的概率以及该地区涨潮和落潮的时间。他将沙滩垫摆放在一个"战略要地"，然后把毛巾、太阳镜和防晒霜整整齐齐地排列在沙滩垫的一侧，凉鞋则放在另一侧。

在他下水之前，冲早已在海里玩得忘乎所以的弟弟妹妹摇了摇头。接着一边紧紧盯着自己留在沙滩上的物品，一边大摇大摆地往海中走去，尝试找到最佳入水点。

长子/女爱列清单，做事有条理，是天生的组织者和规划师。他们需要对照清单来找到自己所需要的东西。他们对完成任务胸有成竹，并且相信做事的方法有正确的和错误的，不存在中间地带。因此，在旁人眼里，他们独断专横，但这都是他们害怕出现错误、讨厌意外状况所致。

从婴儿时期开始，长子/女就被父母朝着要取得成功的方向培养。他们是其他孩子的标杆，是弟弟妹妹可以依仗的可靠之人。这也是他们是父母说教最频繁的对象的原因：

- "这是怎么一回事？你怎么能这么对待弟弟呢？"
- "我不在乎她做了什么。你是家里最年长的孩子，我对你有更多的期望。"
- "你不想和弟弟一起去？好吧，那你就在家里待着吧。"

长子/女被分配到的家务也是最多的，因为他们总能按要求完成任务。他们非常在意自己能否取得成果，对待新的体验持谨慎态度，比如在不知道水位高低的情况下绝不会贸然跳入水中。在他们看来，只有获得胜利、不断竞争和占据主导地位，人生才有价值。

> 从婴儿时期开始，长子/女就被父母朝着要取得成功的方向培养。

美国首次踏入太空的 23 名宇航员中，有 21 名是家中的长子/女，另外两名则是独生子女。值得注意的是，这些人当中没有一个人是家中排行中间或者最小的孩子。长子/女是会叫你安静下来的图书管理员，是设计出可以抵御任何风暴的房屋的建筑师，是在你的税单上找到漏洞的会计，是建造结实耐用的道路的工程师，是你可以信赖的、能够保障飞机安全起飞和降落的航班飞行员。

独生子女

独生子女的行事风格与长子/女类似，但他们更加谨慎、追求完美。如果二者做同样的事情，独生子女会比长子/女多花一倍的时间去计算成本与风险，再小心翼翼地开始。如果他年龄过小，或许会要求你陪他一起下水，即便海滩上有不少同龄的孩子。他们更喜欢和成年人打交道，因为他们已经习惯了只和父母待在一起。

独生子女的处事方法自成一体。他们通常会被安上"被宠坏了"的头衔，但我向你保证，这类对独生子女的"指控"大多数都不是真的。事实上，独生子女具备长子/女的全部特征，甚至这些特征在他们身上更加明显。如果说长子/女认真可靠，那么独生子女就是非常认真可靠。你想完成一项工作吗？雇用一位独生子女吧，他们会通宵完成任务。

然而，独生子女会更深地感受到来自家长的压力，因为他们不仅是家庭的标杆，还是唯一的基准。因此，如果他们把事情搞砸了，整个家庭的名声都将受损。这也是为什么独生子女行事尤为谨慎，好胜心强，并且对错误极度敏感。

> 独生子女通常会被安上"被宠坏了"的头衔，但我向你保证，这类对独生子女的"指控"大多数都不是真的。

他们的内心也极度恐惧。因为他们是父母唯一的孩子，所以会想："**如果妈妈或者爸爸去世了怎么办？如果只剩下我自己怎么办？**"如果他们是被收养的，有过被抛弃的经历，或者成了别人的继子/女，经历过与父母其中一方分离，那么情况就会更加糟糕。

排行中间的孩子

这孩子踏上沙滩的那一刻，就开始寻找其他同龄人一起玩了。他不费吹灰之力就能找到玩伴，完全把专横的哥哥或者散漫的弟弟忘在脑后。5分钟之内，他成功加入了一个新团体，很快便和大家一起玩飞盘游戏。你几乎一整天都见不到他的人影，除非他自己跑回来拿零食吃。

如果担保公司能对出生顺序进行担保的话，那么任何家庭中前两个出生的孩子性格必定截然不同。看着老大的一举一动，老二会说："我不可能竞争得过他，所以我干脆反其道而行之吧。"

与任何一名排行中间的孩子聊起"家庭相册"，你都会得到一个大大的白眼。那是因为大多数家庭镶着金箔的相册里都留存着大量长子/女的照片，而排行中间的孩子呢？他单独的照片也许只有4张，而且他人生中的第一张照片很可能是哥哥或者姐姐用手臂搂着他的脖子时拍下的，几乎没有单人照。

> 如果担保公司能对出生顺序进行担保的话，那么任何家庭中前两个出生的孩子性格必定截然不同。

这也就是为什么排行中间的孩子懂得自食其力，并且会在家庭之外建立自己的社交圈。你很难发现他们已经从家里消失了一段时间，因为他们既不像长子/女那样时刻被你的"鹰眼"注视，也不像老幺那般得到大人过多的关注。然而，在自己的社交圈子里，他们如游鱼入海、归鸟入林。他们的嘴巴很严，会贴心地帮其他人保守秘密，是大家可以依赖的忠诚伙伴。

排行中间的孩子经常会穿旧衣服，尤其是当年长的孩子和他们性别相同时。在年龄相差更大的兄弟姐妹之间，他们是经验丰富的调解人，因为他们讨厌冲突，讨厌被夹在兄弟姐妹之间，只想图个清静，所以不得不选择当和事佬。

以擅长外交谈判著称的美国总统理查德·尼克松（Richard Nixon）就是家里排行中间的孩子，亚伯拉罕·林肯（Abraham Lincoln）和约翰·F. 肯尼迪（John F. Kennedy）亦然。除了他们之外，美国的总统大部分都是家里的长子，只有少数家里最小的孩子成功入主过白宫。显然，大多数老幺都像我一样，在通往白宫的道路上迷路了。比如只任职了一个月的威廉·亨利·哈里森（William Henry Harrison）以及安德鲁·约翰逊（Andrew Johnson），在历任美国总统中他们两个并不算很有名气。总统里最广为人知的老幺要数罗纳德·里根（Ronald Reagan）了，他的妻子南希（Nancy）是独生女，经常叫他"罗尼"（Ronnie）。

年纪最小的孩子

这孩子一看到波光粼粼的海水，便一把扔掉沙滩毛巾，踢掉人字拖，挥舞着双臂，高喊着"冲啊！"然后一个猛子扎进水中。就算一道巨大的白浪迎头砸下来也无妨，他任由海浪将自己吞没，像一条海豚似的从水中一跃而起，脸上绽放着大大的笑容。

等他在海里玩够了，看到沙滩上有同龄的孩子正在用沙子搭建城堡，他凭借三言两语便轻易加入他们。10分钟后，他把所有人都带到正在野餐的你跟前，孩子们丝毫不见外地大吃大喝起来，他坐在人群中间，享受着每一分钟。"刺激"和"冒险"就是他的代名词。

老幺会用装可爱来逃避棘手的事情，他们最喜欢的游戏就是让哥哥/姐姐陷入麻烦中。显然大哥不能忍受来自弟弟/妹妹的嘲讽，他会忍不住出手教训一下弟弟/妹妹。而接下来会发生什么？老幺已经准备好大闹一场了。

妈妈或爸爸一把拉开门，问："到底发生了什么事？"他们盯着年长的孩子道："我说了多少次了，别去招惹你弟弟/妹妹！"

与此同时，老幺放声大哭，因为哥哥穆斯（Moose）打了他。但你知道老幺心里是怎么想的吗？"哈，你个可怜的笨蛋，算是栽在我手里了。"

> **老幺最喜欢的游戏就是让哥哥/姐姐陷入麻烦中。**

老幺通常善于社交，非常有个人魅力，但控制欲也很强。如果有必要的话，他们甚至会为了达到目的而不择手段。比如，只要策略运用得当，每次都能让哥哥/姐姐替他们做家务。这些事情我再清楚不过了，因为我就是家里最小的孩子，我知道怎么让姐姐萨利或者哥哥杰克替我做事。

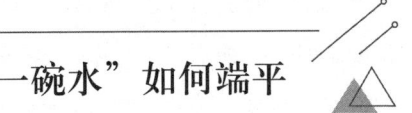

多子女家庭，父母的"一碗水"如何端平

孩子的性格各不相同，父母对待他们的方式也应有所区别。出生顺序在家庭生活中会产生举足轻重的影响，如果你以前没有意识到这一点，现在你该意识到了。长子/女身上肩负的责任往往最重，老幺经常"逍遥法外"，而排行中间的孩子则会受到来自双方的打击或被忽视。

正如我之前提到的，要想培养孩子的责任心，首先要赋予他们责任。你要给所有孩子都安排工作，每个人都得干活。长子/女因为学业压力增大会变得越来越忙，所以要减轻他们在家中的负担。可以将原本由他们负责的一些任务转交给弟弟妹妹，后者也是时候挺身而出了。

最重要的是，不要让你的孩子们在同一片区域干活，否则会发生这些事：长子/女看不惯老幺的散漫和做事无组织、无计划，索性接手他的工作；排行中间的孩子则会偷偷溜出家门，去找朋友们汇合。而老幺嘛……好吧，反正他绝对不在你指派好的工作区域内。

长子/女或者独生子女

以下是你最需要对长子/女或者独生子女做的3件事：

◆ 合理的期盼

不要把"胡萝卜"拿得太远，否则孩子根本够不到。如果他够到了，不要继续把胡萝卜移到更远的位置上，他对自己的期待已经很高了，不要再增加他的负担。期待孩子表现得优异是一回事，期待他们表现得完美是另一回事。

◆ **工作补贴与特权**

不要因为长子/女年纪更大，就只使唤他做事情。其他孩子也都有手有脚，也需要学会肩负起责任。如果任务没能完成，他们就得承担后果。如果你雇的保姆临时有事来不了，你不应指望长子/女接替保姆的工作，除非他没有别的安排并且同意这么做。即便如此，你也要补偿他，比如把原本要支付给保姆的费用给他，或者答应他下个周末可以带朋友来家里看电影。

如果长子/女容忍弟弟妹妹把自己的卧室弄得乱七八糟，还在朋友面前让自己难堪，他理应得到一点特权，比如可以晚一点睡觉或者在家给他划定一个专属角落，弟弟妹妹不得打扰。这相当于告诉他："听着，我知道你的弟弟妹妹有时候挺烦人的，但你默默容忍了很多事，而且有时候我也让你承担了比弟弟妹妹多的家务，所以我希望你能有一些独处的时间，弟弟妹妹也不可以入侵你的领域。"晚睡觉半个小时或者在属于自己的空间中独处会让长子/女备受"摧残"的心灵得到安慰，继而能以更加友好的心态对待弟弟妹妹。

◆ **宽容**

如果长子/女或者独生子女完成了一项新任务却没取得成果，比如撕毁了怎么改都不满意的画，或者写了作业却没交，这都是灰心丧气的表现。但同时也反映了家里至少有一位挑剔的家长。

挑剔的家长在两百步开外就能挑出孩子的毛病，这种家长无疑是长子/女和独生子女最可怕的噩梦。奉行完美主义好比慢性自杀，总是要求孩子做到完美，孩子注定会失败，因为他就是个普通人，他也需要被宽恕。没有人是无可挑剔的，包括你。除此之外，你需要告诉他："不完美也没关系，你不用所有科目都取得优秀的成绩，也不用一直在班级的剧目表演中当主角，没进篮球队也没关系。就算这些都做得不尽如人意，我依然爱你。"

排行中间的孩子

以下是你需要对家里排行中间的孩子做的 3 件事：

◆ **关注他**

思考一分钟：家里地位最低的孩子是谁？——排行中间的那个孩子。长子/女是"成功人士"，老么是父母的"掌上明珠"，而排行中间的孩子呢？他从来不会主动寻求关注，但实际上他需要的关注和其他孩子一样多。

睁大眼睛，努力发现他的善举，不要吝惜夸赞："你真的太了不起了。我很欣赏你在危机面前能保持冷静的状态，即便你的兄弟们正在打架，你总有办法让他们停下来，给他们讲道理。咱们家没有谁比你更擅长做这件事。"

◆ **询问他的看法或建议**

排行中间的孩子已经习惯了在打架的手足之间扮演调停者和妥协者的角色，但他们并不习惯被询问意见。事实上，在家庭生活中，家长很少会询问他们的意见。为什么不试着了解一下排行中间的孩子对他擅长的事情的看法呢？

如果你 11 岁的儿子是互联网高手，试试说："嘿，我真的搞不太明白怎么用互联网进行调研，你好像在这方面很擅长，能花几分钟时间帮帮我吗？"

向孩子求助相当于在说："我知道你非常擅长做这件事，我注意到了你的长处。我认为你为这个家做出了独特的贡献，你对这个家来说意义重大。"这种认可就是在告诉家里排行中间的孩子他很重要，能激励他在其他擅长的领域提供建议，同时提升自身技能。

所以，就家庭活动事宜询问他的意见吧，毕竟他是最不可能主动提出去哪儿度假、吃晚饭或者野餐的人。另外，如果他数学学得非常好，就请他帮忙管理家庭财务。

◆ **和他独处**

排行中间的孩子需要特殊的关注，这样他才不会被忽视。

你家里排行中间的孩子喜欢做什么？如果你 15 岁的女儿喜欢滑雪，带她去滑雪场度过一个愉快的周末吧。注意，只带她一个人去，把另外两个孩子留在家里，无论他们怎么叫嚷"这不公平，为什么你只带她去？我们不能一起去吗？"

都不要妥协。

再帮她一个忙：在这趟美妙的出行中给她拍些单人照片。这样一来你会免去不少尴尬，至少将来你不用对有可能成为她伴侣的人说："唔，她的单人照，呃……如果你想看的话，我们有一些家庭照片。"

年纪最小的孩子

以下是你需要对家里最小的孩子做的3件事：

◆ 欣赏他

家里最小的孩子总是想得到人们更多的关注、活在聚光灯下。他是能给人带来欢声笑语的表演型人才，他的存在可以活跃气氛。但倘若忽视他或者无人欣赏他的技能，他就会灰心丧气甚至心怀怨恨。沮丧的老幺对什么事都提不起兴趣，而心怀怨恨的老幺则会给家里带来很大的麻烦。

尝试一下：假装家里最小的孩子是在动物园里表演的海豹，要想让他表演得更卖力，只需一位观众适时地拍手叫好并偶尔给他一两条鱼作为奖励。毋庸置疑，老幺接下来的举动一定会让你大吃一惊。

◆ 教导他负责任

家里最小的孩子往往非常有个人魅力，懂得操控人心，擅长说服哥哥姐姐帮他干活。他知道，就算自己犯了错，家里人多半只是会叹气道："哦，天呐，又是你干的。"与其去逮那个小捣蛋鬼，不如让他自己收拾烂摊子。

要先让老幺明白什么是责任，才能让他们学会承担责任，继而培养他们的责任感。不管他们打碎了花瓶还是未能完成老师安排的学习任务，你都不要伸出援手解救他们，要让他们自己承担相应的后果。

但凡是孩子自己应做的事情，家长都不要替他们去做。

> 但凡是孩子自己应做的事情，家长都不要替他们去做。

◆ **意识到其他人也很重要**

家里最小的孩子总能仗着年纪小轻而易举地获得家长更多的关注。你有时候会忘记他们不能一直站在聚光灯下，家里其他的孩子也需要你花时间陪伴。很多老幺在成长过程中觉得自己就是太阳，其他人都要围绕自己旋转。但你我都知道，事实并非如此。他们越早意识到这一点，对自己和周围的人好处越大，他们自身取得成功的概率也就越大。

不过值得庆幸的是，家里最小的孩子通常精力充沛、情感真挚、为人慷慨，这些优点使他们很容易交到朋友。一旦他们对其他人产生兴趣或者某人对他来说很重要，他们就会成为社交达人。超强的社交能力对职业发展来说是很强的优势，父母要想利用好这一点，就要懂得如何与他们打交道，激励他们成为更好的人。

了解了你的孩子都是怎样的人，清楚了他们最需要你做的事情之后，你就可以优化解决方案，将产生摩擦的概率降至最低，避免发生将家里变成发生冲突的战场。将精力集中在最重要的事情上：激励孩子充分发挥自身天赋，朝着符合他们价值观的方向一步步发展，走向成功。

若想进一步了解出生顺序以及其他因素（例如性别、年龄分布和角色转换等）是如何影响家庭系统排列的，请参阅《出生顺序之书》（*The Birth Order Book*）一书，你从中学到的知识将会使你的家庭生活产生翻天覆地的变化。

莱曼博士的 10 秒钟解决法

问题：我们家排行老三的孩子每次被他人挑衅时都会退缩，就连鸡毛蒜皮的小事也不例外。他跟自己的 3 个兄弟都相处得不好，更别提这个"狗咬狗"的社会中生存了。我该如何教导他为自己而战？

答案：如果那个安静、温柔的男孩是和其他 3 个兄弟一起长大的，那么他能成长到现在也很不容易。一群男孩子可能非常难对付，因为这代表他要经历无数次的竞争。你的第 3 个孩子很可能夹在两个自身非常出色的"明星"兄长和一个"表演型人才"的弟弟中间。其中一个哥哥学业拔尖,另外一个哥哥很可能擅长体育运动或者音乐。于是第 3 个孩子感觉自己身处混沌的无人区,根本不知道自己该成为怎样的人。显然他不想也无力同两个哥哥竞争,而家里那个大嗓门的烦人的弟弟他也惹不起。

排行老三的孩子就算没出现在晚餐桌上可能也不会有人注意到。讽刺的是,但凡兄弟之间打架,他们都会跑来找他,因为你家那位总是退让的男孩天生就是当调解员的料,并且在同兄弟的相处当中已经把它发展成了一门艺术。在家庭之外,这种天赋帮助他结交了一群忠诚的朋友,他们会团结在一起,保护彼此。

并非每个孩子都必须像你家里的其他男孩那样成为一个斗士才能在这个世界上生存,我们同样需要调停者与和事佬。他需要你为他做这些事:

- 明白他的意见、想法和感受也很重要。
- 拥有和你独处的时间,在这期间没有其他兄弟打扰。
- 看到你对他和他参与的活动感兴趣。
- 经常听到你对他的赞赏。
- 知道他的特殊天赋是什么,在这个家里,没有人可以代替他的位置。

做好上述这几件事,排行老三的孩子从此便会高高扬起头颅,挺身为自己而战。祝福你们所有人。

6个效果立竿见影的亲子冲突化解办法

无论何时，只要两个或者两个以上的人长时间共享同一片空间，就一定会产生摩擦。若想培养孩子取得成功，你必须学会将这种恼人的摩擦产生的次数降至最低。当你平静地面对以往常常将你的言辞激化为"弹道导弹"的行为，你的孩子也会做出改变。

任何改变都要从你开始。当孩子看到你持续运用和以前不同的方法处理事情，他们就会迫切地想知道原因。

以下6个实用的方法有助于将恼人的摩擦产生的次数降至最低。

方法一：问问自己"这次要不要换一种做法？"

自我评估一番：回忆前几次发生摩擦时的情景。当时你是怎么做的？

那么做有用吗？

多半没什么用，不然同样的情形不会再次发生。

既然那种方法不管用，不妨问问自己："如果想要得到不同的结果，这次我是不是该换一种做法？"

然而，如果你的脑海中没有具体的解决方案，就算问自己类似的问题也无济于事。这也是在本书中我要求你做的第一件事就是明确自己所看重的品格特征的原因。孩子应具备哪些品格特征才有助于他们长大后取得成功？

打个比方，如果你认为诚实是一种很重要的品格，那么当你8岁的孩子从便利店偷了一块糖时，你一定要尽早把这种行为扼杀在摇篮中。无须严词批评他的行为，但你要把自己的感受讲清楚："我们是史密斯（Smiths）家的人，史密斯家的人从不偷窃，拿走属于别人的东西却不付钱是不对的。"

你不会说"我保证他不是故意的。他只有 8 岁，还不懂这么做是不对的"来帮他脱身。8 岁的孩子能清楚地分辨是非对错。如若不然，为什么他会偷偷地把那块糖吃掉，还把包装纸藏到你看不见的地方？

那孩子可不像你想象的那样天真愚蠢。

所以，来做点正确的事吧，即便这种场景可能会让作为父母的你蒙羞。将孩子带回便利店，站在他身后，让他自己和经理解释。如果糖果已经拆开，用他存钱罐里的钱支付那块糖的费用。如果经理认为他应该支付双倍赔偿金，或要通过干活来弥补偷窃的错误，也照经理说的去做。让孩子在 8 岁的时候学会诚实，总比他在 13 岁的时候"借用"一件衣服或者在 16 岁的时候"借用"一辆车要强吧？

为了孩子长远的发展，于当下忍受一点羞耻感也无伤大雅。当你采取不同的处事方式解决问题时，孩子就会知道你是认真的。吃一块糖听上去不是什么大事，但倘若处理好这件事，它将会成为孩子永生难忘的一堂课。

方法二：说到做到

大多数孩子都听过以下类似的话语。

1. "杰拉尔德（Gerald），早餐准备好了，快来吃。"
2. "杰拉尔德·蒂莫西（Gerald Timothy），我说了，早餐准备好了，赶紧过来，不然它该凉了！"
3. "杰拉尔德·蒂莫西·戴维斯（Gerald Timothy Davis），你听到我说的话了吗？赶紧来吃早餐！"

好吧，他确实在听。不过他听的是除内容外的其他话语要素：你的声音提高到了特定的音量，然后叫了他的全名。这下他知道自己必须留神了，否则后果会很严重。所以你看，孩子其实很清楚，在你真正严肃起来之前，他还可以继续玩电脑游戏。

但倘若你说到做到，又会发生什么呢？

"杰拉尔德，早餐准备好了，快来吃。"

孩子可能会立马出现，也可能半天都不过来。如果过了半个小时，他才慢悠悠地走到餐桌前，就会发现麦片已经凉透了，在碗里凝固成一团。想想这幅画面就没胃口。

不要帮他加热麦片，也不要主动提出给他重新做一碗麦片或者别的什么食物，让他自己想办法。事实上，这时候你已经不在厨房里了。

如此一来，下一次在喊他第一遍的时候，孩子是不是就会答应了？多半会的。如果他还是不答应，那么等待他的就是第二碗坨了的麦片。只要你说到做到，你想看到的结果就会自然而然地产生。

方法三：避免提出问题

孩子都讨厌被问问题，尤其不喜欢父母干涉自己的事情，哪怕他是出于好意。当孩子上了中学，这种倾向还会加剧。因为他正试图弄清楚自己是谁，和妈妈、爸爸、兄弟姐妹们有什么区别。此时，相较于生理意义上的死亡，他更加害怕的是"社死"。他不需要保护欲过强的父母赶到学校替他解决问题。

当孩子看上去像被暴雨冲刷过的花骨朵，你却还要问他问题时，他就会表现得像一艘紧闭舱门的船，你不会从他那儿得到任何信息。

相比之下，此时更适合说："看起来你今天过得很辛苦，如果你想找人聊聊，我随时都在，并且很乐意听你分享内心的想法。"

有的孩子可能当天晚上就会去找你，有的则可能要在几个星期之后才对你开口。当孩子向你倾诉时，听着就好，不要提供解决方案，不要替他解决问题。比起尝试了解更多信息或者解决问题，"袖手旁观"会让你收获更多的东西。

以下回答会帮助你适度表达同情：

- "唔，我明白了。"
- "我懂了。你真的很不容易。"

- "哇，我理解了。"

换位思考一下，当你陷入困境时，最需要的是什么？一位具备同情心的倾听者。大多数情况下，你其实知道自己该怎么做，你仅需花时间来消化眼前的事实。来自他人的支持会赋予你被击倒后重新站起来的勇气，然后你便可以满怀信心地重整旗鼓了。

智力和心理健康水平正处于高速发展阶段的孩子并不想被拯救，他希望通过自己的智慧、力量和技能来解决问题。他只需要你——他最信任的人，在背后支持他，听他讲述自己的问题、分析和计划。

> 孩子并不想被拯救，他希望通过自己的智慧、力量和技能来解决问题。▲

性格不同的孩子倾诉的侧重点不同。你的孩子可能会先抱怨几句，针对这些抱怨，你可以进行以下回复："那确实是个问题。""我知道为什么你会担心了。""但我很了解你，你肯定能想出办法，你一直都可以。"

然后你给他举个例子，说某个人曾经也遇到过类似的麻烦，但因为处理得当，他重新振作了起来。听了你的安慰，孩子的脸上再次露出笑容，勇敢面对当下的困境，充满力量地做自己需要做的事情。

方法四：采取行动，但不要反应过度

跳探戈需要两个人，但你不一定非要跳这个舞。就像只有你一个人在场的话，是没有办法产生冲突的。

打个比方，你五年级的孩子明天要交一份科学展览的作业。这份作业做起来有点麻烦，明天就到提交时间了，她却还没完成。此刻她的脾气就像随时要爆发的冒着浓烟的火山。

"这全都是你的错，"她朝你大喊道，"你不是告诉我这是个不错的科学项目吗？"

第一击：她一上来就指责你，企图把责任甩到你身上。她说得没错，这个项目确实是你建议她参加的，她总是"消极怠工"，你研究过其他几个项目，就这个项目还相对简单点。

现在，你有了选择的机会。你可以用以下话语回应她：

第二击："我不是也告诉过你，多试几次，看看能不能找出解决方案。但你自己非得等到现在才开始用心做，这是你的问题。"

第三击："你不应该让我为你的科学项目负责。"

或者你也可以选择拿出成年人的姿态，在她"打出第一击"之后就停下来。加入正处在气头上的小姑娘引发的战火中不会对解决问题起到任何作用，只会雪上加霜，引发更激烈的争吵，而最终只有你一个人难受。

在开口之前先数 10 个数，然后直截了当道："好吧，我相信你会找到解决办法的。"继而转身离开房间。

留她一个人在房间里独自"舞蹈"吧，接下来要做什么完全取决于她自己。就算她一时怒火中烧，也很快会意识到没有人会来救她。你也可以事先和她的兄弟姐妹打好招呼，谁都不要插手。

如果她的作业不及格，让老师代替你去教训她。

如果你还是和她争吵了——毕竟你也只是个普通人而已，在发现自己已经在和她"跳双人舞"时，索性大方地承认错误：

- "我很抱歉。"
- "在那种情形下我完全不知道自己到底在说什么，我太冲动了。"
- "我对你说那些话简直是大错特错，我不应该那样对你。"
- "你能再告诉我一遍你原本打算对我讲的事情吗？我这次一定认真听你说。"

当你承认自己的失败时，就相当于以身作则，给孩子上了有关人生的重要一课：

- 如果你把事情搞砸了，就承认吧。
- 如果感到抱歉的话，把歉意说出口。
- 下次选择做对的事情。
- 生活总归要继续。

方法五：转移争吵点

- 你高中一年级的儿子今年暑假想和同学去郊区野营。但你知道他讨厌徒步，也讨厌虫子，可能连在帐篷里睡一个晚上都不愿意。
- 你六年级的女儿觉得你仿佛来自石器时代，因为你竟然不允许她创建社交媒体账户，她说其他所有的孩子都创建了。
- 你充满艺术家气质的二年级女儿在开学前一天晚上突发奇想，要给自己的新书包涂颜色。但问题是，新涂的颜色需要时间进行风干。

当摩擦开始升级的时候，尝试利用以下 3 个有效的方法化解冲突：

◆ 使用"争吵转移器"

想要在争吵开始前就将冲突化解吗？无论对方说什么让你意想不到的话，只需回答"你可能是对的"。

这种出人意料的方式用来对付那些已经做好准备随时要大吵一架的十几岁孩子尤为有效。反驳孩子的话只会令双方都陷入僵局，而认同他的观点则有助于打开一扇沟通的大门，让他能够更详细地解释自己的意图。结果可能比你预想的要好得多。

如果孩子正忙于准备"发射"他们的下一枚"导弹"，你的回答定会令他们大吃一惊、目瞪口呆。

不妨试试看。生活会变得更有趣。

◆ **遵守"免责条款"**

这是一个为自己争取时间思考如何回答对方的绝佳技巧。尝试说："这个主意很有趣，多和我讲讲吧。"

这种回答鼓励孩子同你分享他的想法——如果那个想法对他来说真的很重要。在对话过程中，你能很快察觉到他甩出了一个天马行空的念头来试探你的反应，并且没有任何事实或者调查来支持他的观点。

听他说完之后，你回答"让我想想"或者"我会给你答复的"。

使用这种方法，家长几乎可以规避孩子 95% 的"奇思妙想"。为什么选择不理会这些想法？因为在 24 个小时之后，那些孩子已经冒出新的想法了。

如果他们还继续坚持自己的想法，就再回应一次："我明白你对那个很感兴趣，再多和我讲讲吧。"

和孩子交流时，无须明确地对他的想法表示赞同或拒绝。通过接纳他的想法、探索欲和想象力，你可以永远在幻想世界里实现他那些在现实生活中无法成真的梦想，但这并不意味着你必须同意他去做他想做的事情。

◆ **不动声色**

在日常生活当中，总有那么一些时刻，"什么也不要说、什么也不要做"对家长来说才是最好的选择。忍不住发火的时候，不妨转身离开。有些话最好不要说出口，有些举动最好不要去做。等能控制住自己的情绪之后，选择更合适的时机和地点把话讲清楚。

莱曼家的选择：在上述 4 种情形下，我会如何转移争吵点？

对于想要进行户外活动的孩子，我会选择"免责条款"——"这个主意听起来不错，再多和我讲讲吧。"

紧接着他就会开始滔滔不绝地讲述自己和朋友们谈论的有关野营的事情。

首先我会接纳这些想法，然后漫不经心地说："我也去野营过一次。我记得那天晚上特别黑，还有很多虫子。不过我相信你都能适应的。"

"很黑吗？还有很多虫子？"儿子震惊地问道，就好像野外有很多虫子是多么令人惊奇的事似的。

"我相信你已经做足了功课。不过如果你想和我分享点什么，我随时愿意听。"

倘若他真的很讨厌黑暗、虫子和徒步，他就会重新考虑是否要参加这次野营。如若不然，我可能要建议他带上点驱蚊虫喷雾。

而对付那位社交媒体新手，我会建议你使用"出乎意料的争吵转移器"——"你可能是对的，也许我就是来自石器时代。"说完后转身离开。

等她稍后再次问起这件事——她一定会问的，你就可以使用"免责条款"了。尝试找出她想要创建社交账号的原因："多和我讲讲吧，你为什么要创建账号？"

她会告诉你："其他所有人都有社交账号，收获的'赞'特别多是一件很酷的事情……"

你点头道："我明白了，也就是说……学校里的每个人都能收获很多'赞'。"

"也不一定，你要很努力才能收获别人的'赞'，这代表自己很受欢迎。"她兴奋地解释道。

"那我懂了，"你若无其事地回答道，"如果你收获了别人的'赞'，就代表你很受欢迎。如果你没有被别人点赞，或者收获的'赞'不像其他人得到的那么多，其他孩子就会说你的闲话。我了解了。"

话说到这里，给孩子一点空间来思考，自己是否还需要一个社交账号。

对于充满艺术家气质的二年级女儿，我则会建议你"什么都不说，什么都不做"。等到了第二天，让她自己做选择。她要么背着那只黏糊糊的、像被猫从哪里拖出来似的书包去学校，要么就把铅笔、蜡笔、便笺、面巾纸和其他开学第一天需要用的杂七杂八的东西统统收拾好带走。也许她会突发奇想，找一个塑料袋来装东西——她能想到这一点让你有些意外。但无论如何，让她自己想解决办法，这是她的决定，而非你的。

方法六：询问孩子的意见

如果你是喜欢发号施令的家长，或者是习惯为孩子打点好一切的家长，是时候彻底改变自己教育子女的方式了。去做一些对你来说完全陌生的事情吧，比如询问孩子的意见。是的，我知道，这种做法很冒险。

但你之所以会阅读这本书，一定是因为有一些事情刺激你去这样做。你想要在一个"什么都无所谓"的世界里培养孩子取得成功，并且希望家庭生活能够发生一些变化。

想让孩子取得成功，培养他们具备优良的品格，就不要帮孩子做他们应该自己动手做的事情。比起直接告诉他们怎么做，不如询问他们的想法；比起掌控一切，不如努力做一个倾听者；比起发号施令，不如征求他们的建议。

◆ 填写家庭问卷

你听说过"盖洛普民意调查"（Gallup poll）吗？人们都喜欢分享自己的观点，孩子也不例外。事实上，他们根本抗拒不了这件事。所以为什么不在家里进行民意调查呢？就把调查问卷贴在电冰箱上吧，每个人都会有想吃东西的时候。也可以制作一张电子问卷，通过个人媒体账户发布民意调查。

设置一个抓人眼球的标题，比如"我希望妈妈和爸爸知道的事情"。几秒钟之内，那些空白处就会被填满，就连平时最沉默寡言的孩子也会参与其中。

- 我真的不喜欢 _____。
- _____ 时我会发疯。
- _____ 很不公平。
- 我想念 _____。
- 我希望我们一家人能够一起做的事情是 _____。
- 我一天当中最喜欢的时间是 _____。
- 我感受到自己被深爱着的时刻是 _____。

这项调查中的题目是按照其中包含的情绪从负面到正面排列的，这既有助于孩子借此机会宣泄不满，又能使每个家庭成员都在这个过程中感觉幸福。

为了解最腼腆的家庭成员的想法，也可以采用选择题的方式进行调查。

- 最适合在星期六早上做的事情是：

    - 睡懒觉

    - 吃烤薄饼

    - 和爸爸一起喝咖啡

    - 和妈妈一起读书

- 我期待的家庭度假形式是：

    - 在水中嬉戏

    - 在山间徒步

    - 在自家后院吃烤棉花糖饼干

- 最让我感受到被爱着的事情是：

    - 和爸爸/妈妈单独待在一起

    - 邀请朋友来家里玩

    - 得到一份礼物

    - 有人告诉我，我很擅长某件事

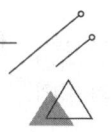

成功就是最大程度发挥天赋

《箴言》（*Proverbs*）第 22 章第 6 节提到："教养孩童，要使他走在应该走的道路上，就算他老了，也不能偏离这条道路。"这听上去像一句简单的指令或一个承诺，对吗？

专制型家长倾向于将这句话作为悬在孩子头顶的一把剑。他们是这样想的："你要走在某条路上，而我知道哪条路是最好的，毕竟我才是家长。如果你照我说的去做，一切都会顺顺利利。但倘若你抵抗我的命令，那么我要迫使你一直走在我让你走的道路上。"

比起怀着最好的期盼"正向"培养孩子，有些父母更愿意反其道而行之。他们不希望孩子反抗，连"如果你们反抗的话"这种假设都没做过，直接威胁孩子"反抗就要承担后果"。实际上，这种家长剥夺了孩子通过自己做选择来成长的机会。

纵容型家长则更关注这句话"向上"的部分。他们的想法是这样的："我希望我的孩子都能过上幸福的生活，所以我告诉他们要一直开心。我必须一直表扬他们，不能让他们感觉糟糕。如果他们不开心，就意味着我是个失败的家长，那样我会感觉很糟糕。"

这类家长一直担心他们的孩子不快乐。但是，你能一直开心吗？如果不能的话，为什么你的孩子要如此呢？偶尔出现的不开心的状态会成为珍贵的人生教训，并非每件事都能如他们所愿。当事与愿违时，他们需要具备的是毅力、勇气和平衡心态的能力。让孩子一直"向上"——开心、做人上人、远离不适、在人生的高速公路上平稳地行驶，就相当于剥夺了他们在安全的家庭环境中体验"低迷期"的机会。

你能为自己的孩子购买的"最佳保险",就是坚定不移地帮助他们树立健康的自我形象;懂得其他人的存在和自己同样重要,只不过大家所扮演的角色不同。这意味着你不应该做一个"海绵垫"或只为孩子而活的"殉道者",而应该以身作则,向孩子展示和谐的生活的样子——花时间关注他人,以及花时间关注自己。

权威型父母可以从这句话中获取精神食粮。"教养"一词暗含"意图"和"管教"。在找到有效教育子女的方法之前,你不会随便尝试新方法。但在陪伴孩子成长的每一天里,你都积极主动地教导他们,并且以身作则。教养子女绝非一次性交易,而是一个持续不断的过程,从孩子降生于家庭开始,直到他们展开双翼飞离巢穴。

培养孩子具备良好的性格特征对他们大有裨益,例如勇气、耐力、诚实和韧性。你要常常给予孩子认可,并在局势失控的时候牢牢掌控方向盘,以确保孩子远离"魔掌"。但也不要独自一人紧握着方向盘不松手,随着孩子逐渐长大,你也要允许他们把手放在方向盘上(同时你坐在副驾驶上对孩子保持关注)。如此一来,当他们离开家的时候,你就可以真正地放手,让他们独自在人生的道路上行驶,因为你知道自己已经竭尽所能帮助他们做好了准备。

注意,这句话开头的内容是"要使他走在应该走的道路上",而不是"要使他走在你认为他应该走的道路上"。每一个孩子都有自己独特的天赋。权威型父母深知,孩子长大后大概不会成为和自己一样的人,但他们依然享受这一路的旅程,坚定地一步步探索孩子未来会变成怎样的人。

一旦你允许并支持孩子探索和发掘自身的天赋,你们之间产生的摩擦就会减少很多。当然,家庭成员的个性各不相同,你也有自己的怪癖。但作为家长,你不会再强行把方形钉子敲进圆形的孔洞。

这对家长和孩子来说是双赢。

[秘诀八]

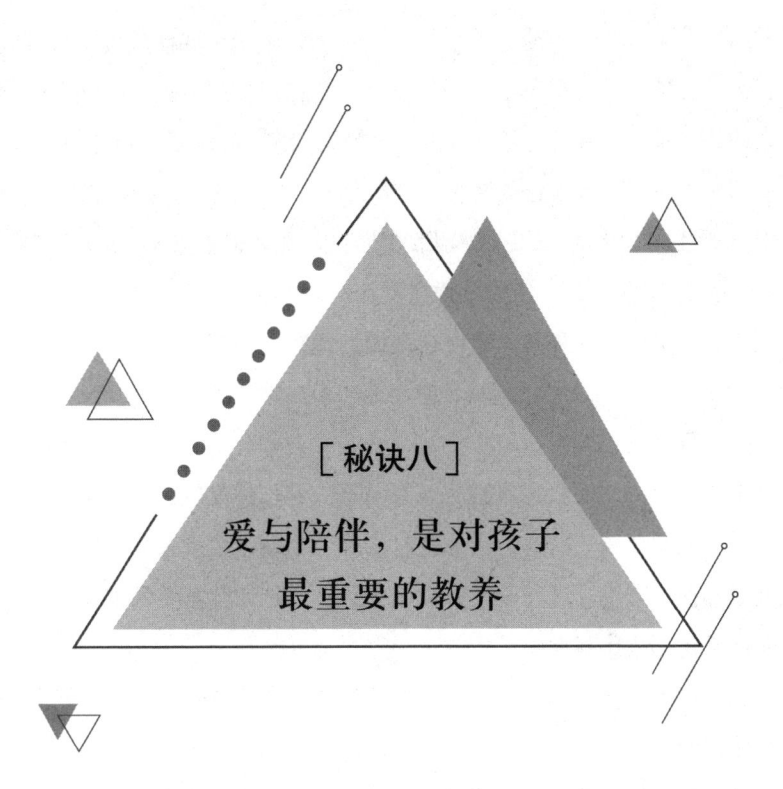

爱与陪伴,是对孩子最重要的教养

最近，我在外出散步的时候碰巧看到一场少年棒球联盟的比赛。我以前就是棒球选手，所以我停下脚步，兴致勃勃地观看起了比赛。

我站在球网旁边，眼看一个滚地球被打到了中外野。如果你们不了解棒球规则的话，我来进行一个简单的解释：实际上，一个滚地球是可以被打成满垒全垒打的。虽然这种情况不常见，但如果3个垒包上都有跑者，那么这一击就可以直接使球员获得4分，这是击打一次棒球能够取得的最高分数。

但这时发生了一件奇怪的事情：球直冲中外野手飞去，但他却趴在了地上。

中外野手的父母就站在我身后的啦啦队里。他们开始大喊："迈克尔（Michael）！迈克尔，去接球！就在那儿，迈克尔！"

但迈克尔仍旧趴在那儿，紧盯着地面。最终他抬起头喊道："我在找一棵四叶草。"

他的父母面面相觑。

母亲耸了耸肩，父亲则观察着两旁愤怒的家长的反应。"这不是找四叶草的时候！"他朝那孩子喊道，"你在打棒球呢，所以快点去接球！"

可对那孩子来说，这一刻没有什么比寻找一棵四叶草更加重要。

而这不是那场比赛期间发生的唯一一个意外。

就在上述事件发生后不久，3个孩子跑到场边。"教练，我们能坐一会儿吗？"他们问道。

"你们知道规则的，"教练说，"看到前面那棵树了吗？"他一边指着树一边说，"按照击打顺序排好队。"

第一个孩子说："但我不想击球，我想坐着。"

第二个孩子说："不，我想坐着。"

第三个孩子说："不，我要第一个坐下。"

很快，3个孩子开始为谁能第一个坐下而打成一团。

这还只是在第一局的上半场中发生的事，整场比赛才刚刚开始。

我摇了摇头心想：这些孩子到底为什么要打棒球？

但实际上我已经知道了答案：因为他们的父母希望他们打棒球。发展体育特长无疑能使孩子坐上驶往成功的快车。即使孩子宁愿坐在一旁或者在球场里寻找一棵四叶草，家长也要让他们去打棒球。

孩子的课外活动怎样安排才科学？

教育子女不是一件容易的事情，但总结起来也很简单——父母扮演好家长的角色，让孩子保持孩子应有的状态。

但许多家长往往倾向于催促孩子们赶快长大成人。当婴儿还在母亲子宫里时，我们就恨不得为他决定好上哪所幼儿园；等孩子再长大一些，就被匆匆送到学前班、双语幼儿园、幼儿跆拳道馆中学习；我们甚至会为 6 岁的孩子准备学前班毕业典礼和小学入学简历。毕竟，我们迫切地想让自己的孩子赢在起跑线上。

我们到底为何如此慌张？因为我们担心倘若不提早做好准备，为孩子规划好一系列活动，他们就会错过通往成功的火车。但如果我们只把自己当成越野车司机，把孩子从一个活动中接走，接着送去参加另一个活动，便会错过与他们的心灵产生联结的机会。

我的建议是，每个学期让你的孩子自己选择一项活动。你不要按自己的心意给她安排钢琴课或者让他去打棒球，要让孩子为自己的选择负责。如果你有好几个孩子，让每个孩子选择一项活动就够你应付的了。

我们家一共有 5 个孩子。如果没有"每人每个学期参加一项活动"这条规矩，我们家的生活恐怕会犹如在黑夜里航行一般。

有些家庭，比如林德斯（Linders）一家，并没有多余的钱让孩子参加大量活动，但他们会选择更加有创意的活动。每个暑假，他们都会通过多项家庭活动来攒钱，比如帮他人清理庭院和制作冷冻食品。新学期伊始，家长会把赚到的钱平均分给两个孩子，他们可以选择用这些钱参加一项校内活动或者额外买一件东西。

这种做法的关键是，每个学期仅允许孩子参加一项活动。一旦孩子做好了决定，就不能再更改。就算他讨厌自己选择的活动，也要在学期结束前按时参加每次训练或课程，不管他年龄多大。下一次他再做决定时就会更加谨慎了。同时，他还得到了一次深刻的教训——既然是自己做的选择，就算再不喜欢也要负相应的责任。相信我，在之后的人生旅途中类似的情形还会多次发生，他越早意识到这一点越好。

只让孩子参加一项活动还有一个好处：你再也不用带着他们从一个地方跑到另一个地方。不管是在经济上、精力上还是时间上，压力都会减轻，你也不会因为钱不够或者迟到而动怒。你可以轻松地享受家庭晚餐，并在席间和孩子展开有趣的交流。兄弟姐妹也有更多的时间待在一起，互相磨合，学习如何与彼此好好相处。

你甚至可以开启梦想中的家庭度假之旅。

许多家长告诉我，他们为了给孩子提供最好的人生机会做出了巨大的牺牲。是的，所有父母都会这么做。但永远不要牺牲最重要的东西：和家人共度的时光。再多的零用钱或玩具都无法取代来自父母的关注。

> **永远不要牺牲最重要的东西：和家人共度的时光。再多的零用钱或玩具都无法取代来自父母的关注。**

我对孩子"掏心掏肺",他为什么感受不到?

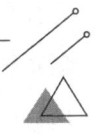

每一件与孩子有关的事情都会让你紧张不安,而和你有关的事情也可能会让孩子如临大敌。所有人都不可能做到时时刻刻与他人融洽相处,但明智的家长会着眼于大局,遇到事情时以成年人的态度去面对,始终牢记维持长久的亲子关系是最重要的事。

我认识一位睿智的教练,他曾培养无数大学生运动员进入美国职业橄榄球大联盟(NFL)。他曾说:"在孩子发现你是真的关心他之前,他并不在意你到底知道些什么。"换句话说,在明确你是站在他这一边的之前,他根本不会听你的话。

成功不是仅靠一个人的奋斗就能获得的。在如今"一切以自我为中心"的文化背景下,你的孩子不仅需要一位家长,还需要你成为他忠诚、可信赖的团队的一分子。无论发生什么事,你都不会离开,而会寻找机会鼓励他、在他身边给予指导。这个团队的成员允许他成长和改变,在必要的时候直白地告诉他真相,并发自内心地鼓励他探索属于自己的道路。

尝试去做以下4件事,你的孩子就会深信你是站在他这一边的。

第一件事:用词恰当,语气温和

你说话的用词和语气在很大程度上决定了孩子是否愿意听你的话。关心意味着透过孩子的双眼窥见他看待这个世界的方式,同他构建一种独特的、心连心的亲子关系。你与孩子的关系,以及他认为自己在家中所扮演的角色,对他在其他领域的表现会产生极大的影响。所以不要把精力浪费在细枝末节上。

我充满艺术家气质的女儿劳伦几乎尝试了地球上存在的所有发色。在她获得驾照后,有一次,她载着我去商场,在找停车场的时候我同她开玩笑,说:"找个蓝头发的停车场吧。"女儿听了我的话,笑得停不下来。所以你看,之后她还是不是蓝色头发一点儿也不重要,可能她在几天后又换了发色,或者染回自然发色,重要的是我们一直维持着良好的父女关系。

你和你的孩子能否顺畅沟通?当他们做出让你感到错愕的事时,你是否不经思考就开口?当你不知道该说什么的时候,是否会闭口不言?你是仅在必要的时候才和孩子联系,例如告知他们信息或者斥责他们做错某事,还是会通过一种切实可行的方式同他们产生联结,了解他们的兴趣爱好?

最重要的是,现在你已经知道每个孩子最想从你这里得到的是什么东西,你将如何完善育儿技巧以满足孩子的具体需求?

第二件事:给予认同、归属感,培养他们的能力

我在报纸上读到的最令人感到悲伤的新闻之一是关于一位17岁的少年的。当他看到位于佛罗伦萨市的州立监狱时,知道自己即将穿过大门,在里面待上一段时间。他表示,那里有全世界最美丽的景色。

读完这条新闻,我简直目瞪口呆。那孩子究竟来自一个怎样的家庭,以至于他认为监狱都要比家里好?显然这不会是一个充满爱和支持的家庭。他的父亲在他很小的时候就离开了他们母子,母亲独自抚养他长大,要打许多份工才能填饱两人的肚子。她没有时间管教儿子,学校也因他过于顽皮、多次惹出事端而将他开除。

除了加入帮派,他无处容身,也正因如此,他陷入无穷无尽的麻烦之中,最终被逮捕入狱。没有人认可他,没有人和他并肩战斗,没有人像我高三时遇见的老师那样,告诉他:"你是独一无二的存在,你拥有足够的能力,可以做成任何事情。"

在这个艰难的世界里,那孩子唯一能依靠的就是自己。难怪他觉得监狱要比他从前待的地方好得多,至少在那里他有东西可以吃,有地方可以住。

所有孩子都渴望被接纳，想要有自己的归属之地，希望自身能力被认可。如果他们没有在家中体会到这些感觉，就会去别处找寻。

莱曼博士的 10 秒钟解决法

问题：我很担心自己正上中学的儿子，他看上去每天都不太一样。要么是为了赶时髦，要么是同龄人说了什么或者做了什么影响到了他。我想让他变回那个我熟悉的、愿意和我们一起出去玩的儿子，我该怎么做？

答案：孩子就像变色龙，尤其是他这个年纪的孩子。他们会尝试使皮肤变成许多不同的颜色，有时候是为了吓别人一跳，有时候则是为了融入环境，避免被学校丛林里的其他人"吃掉"。

谢天谢地，孩子大多数会把你逼疯的时期都不会持续太久。你要关注的是孩子的心灵，而不是他们的发型，以及他们热爱的音乐。

你还需要意识到的是，你的孩子将不再是他曾经的样子，因为他一直在成长。他现在有朋友，他们常常一起出去玩，这很正常。在你们亲密的家庭圈子外，他正在不断拓展自己的世界，这也是他应该做的事情。他可能不想再让父母当着朋友的面拥抱他，或者叫他"小史蒂夫"，因为这对于一个想要成为男人的男孩来说是很尴尬的场景。他可能希望驾驶一辆破旧汽车送他上学的父亲在距离学校一两条街之外的地方允许他下车，因为同学们会因他的"座驾"取笑他。

这种时候你需要保持幽默，不要让那些琐事影响自己。孩子还是愿意和你一起玩的，只不过你要改变沟通方式。

不要以为他还想做小时候喜欢的那些事情。比起以前在星期六早上习惯性地在沙发上靠着你看动画片，现在他可能想多睡一会儿，然后在下午看一部惊悚动作片。相较于小时候钟爱的薯片和橙汁，现在他更想要爆米花和咖啡。他热爱的体育活动从在后院玩接球游戏变成了参加本地的足球比赛。

作为成年人，你应该主动做出调整并适应变化。毕竟，身体上产生的变化已经让孩子疲于应对了，他们还要承受来自越来越多的家庭作业和众多同龄人的压力。

◆ 认同

许多孩子觉得自己没有被家人接纳，因为自己与家里的其他人不同。可能除了他们以外，家里的每个人都是运动健将，而他们唯一在运动方面取得的成就，就是在家庭羽毛球赛上好不容易接到了一个球。但差异本身并没有对错之分，差异就只是差异而已。事实上，如果两个人完全一模一样，那么其中一个人就没有存在的意义。

一旦孩子感受到你对他的认可，就会觉察到有人在关心和爱着他，即使你们有时候意见不一致。所以，学会表达很重要。

我走进一间小学食堂，几乎立即被大约60个孩子包围了。我确保对每个孩子都点评了几句，不管是称赞一条漂亮的发带还是表达对一个美好的笑容的喜爱。花时间和孩子产生联结，相当于在表达"我认可你这个人，我接受最真实的你。我很高兴你能够降临在这个世界上，你的存在让这个世界变得更加美好。"

◆ 归属感

如果家里有年龄较小的孩子的话，不妨试着做个实验。走进厨房拥抱你的伴侣，4.6秒之内，"鱼雷"就会瞄准你们的位置，飞速发射过来，径直插入你们两人中间。

为什么？好吧，因为孩子就是你们的敌人。

不，认真地说，他们之所以这么做，是因为想要成为这个充满爱意的团体的一分子。孩子们都渴望获得归属感，即便他们和同龄人在一起的时候并不会向你承认这一点。

我女儿克里希曾经是一名排球运动员，她第一次参加比赛的场地非常偏僻。比赛的前一晚她在晚餐时郑重宣布："我不想你们任何人来看我的比赛。"

作为父亲，我当然要彰显自己的权威，于是我说道："克里希，我会去看比赛的。"

"如果你来的话，"我15岁的女儿回应道，"你最好别大喊大叫。"

我非常了解自己的女儿。对于那场比赛，她既兴奋又紧张，她需要来自家人的支持，哪怕她嘴上说想自己一个人去。

比赛场地距离我们家145千米，我默默地调整了工作安排，只为能赶上比赛。当我抵达场地的时候，比赛刚刚开始。克里希站在固定位置，双手放在膝盖上。

我当时距离她足足有23米远，但我看到了她左手的动作。她的手指小幅度地上下摆动了几次，那代表着："爸爸，我看到你了。"

那一刻，我十分庆幸自己克服了路途遥远的困难来看她打比赛。我遵守了承诺，没有大喊大叫，虽然这对于家里的老幺来说真的很难做到。

家庭生活的质量决定了你的孩子日后能否取得成功。俗话说得好："如果你看到栅栏上有一只乌龟，那么它一定不是自己爬上去的。"你的孩子也不能只依靠自己取得成功，他们需要你的陪伴和帮助。

我的孩子小时候经常听见家里人说："我是莱曼家的人。"这句话究竟意味着什么？孩子们开玩笑地说自己也不知道，但实际上他们自那时起便将这句话奉为人生准则，直到现在也依然如此。后来他们告诉我："爸爸，每当遇到困境时，我就会想起你常说的那句话——'你是莱曼家的人'。"

这代表他们是这个家庭的成员之一，身上具备这个家庭所拥有的品格特征。在身陷困境的情形下，他们会做一个莱曼家的人应该做的事情。如果要与他人相处，他们就会善待他人；如果有人需要帮助，他们就会伸出援助之手；如果有人受到伤害，无论以何种方式，他们都会出手相助。

拥有全家人都拥有的品行，就相当于奠定了无法被撼动的美德根基。在阅读完本书之后，相信你也会明确自己所看重的品格特征。这时，你就可以对你的孩子说："记住，你是×××（你的姓氏）家的人。"你的孩子会立刻明白你的意思。

诚然，你会"收获"假笑、叹息以及白眼，但不要被这些反应愚弄了。你的孩子一定在暗中窃喜自己能够成为家庭的一员，这里是他们的舒适区和安全港，让他们可以满怀信心地去探索外面的世界。

孩子渴望获得归属感。如果他们不能归属于你，就会寻找其他可以接纳自己的地方。在一个人人都认为"什么都无所谓"的世界里，这显然是一件可怕的事情。

◆ 能力

去年我在莱曼卓越学院观赏一场音乐剧时，惊喜地发现它的导演是一名非常有开创精神的初一学生。指导这部音乐剧的老师非常巧妙地安排了3场表演，每场表演主要角色的扮演人都不同，如此一来，同样的角色就不止一位同学来扮演。除了学院里的老师协助制作了演出服，整场音乐剧的所有负责人，包括剧务、灯光师和音响师，都由学生自己来担任，我们称他们为"学者"。

你的孩子需要知道，你相信他们有能力出色地完成任务。你不能仅指望他们做一份没有发展前途的工作，得过且过，而是要期待他们全身心地接纳自己的角色，满怀热情地去工作，就像参与音乐剧制作的孩子一样。

如果父母期望孩子成长为有能力的人，那么这种期盼大概率会变为现实。但是，能力始于责任。让孩子自己做决定，并勇于承担后果，有助于培养他们的能力。

让我们这么想：如果孩子从来没有粉刷过房间，那么在第一次尝试的时候他可能会遇到困难，而一旦他粉刷过一个房间，他就能胜任这份工作了。"**我可以的，这没什么难度。**"于是，他开始观察屋子里的其他房间。"**我觉得我可以每周末粉刷一个房间，直到全屋粉刷完毕。**"

你相信孩子的能力，他们也会相信自己的能力。

10 个教育子女的最佳策略

1. 闭上嘴，听孩子说话，直到他们询问你的意见。

2. 不要提出问题，尝试说："再多和我讲讲。"

3. 把大量的时间、注意力和爱花在孩子身上（但不要当着他们朋友的面这样做）。

4. 让你和孩子共度的时光变得有意义。

5. 关注他们的兴趣爱好。

6. 在现实生活中不能实现某些事情，那就在幻想世界里满足他们。

7. 对待每个孩子的态度要有所不同。

8. 和孩子讲你年轻的时候做过的傻事。

9. 不要因小失大，生活总要继续。

10. 保持幽默。

第三件事：用鼓励代替赞美

鼓励和赞美截然不同。鼓励强调某项活动或者任务完成得非常好，而赞美则强调个体自身十分出色。

"努力学习然后取得好成绩的感觉一定很棒"是鼓励；"你简直太聪明了，比班上其他人都聪明，我知道你会取得好成绩的"是赞美。

"这匹马画得真漂亮。我知道你没有见过真的马，但你在网上搜索了马长什么样子。你能通过努力去解决这个问题，这一点非常好"是鼓励；"哇，看啊，朱尼尔（Junior）画了一匹马。这难道不是最珍贵、最完美的一匹马吗？哦，弗兰克（Frank），快来看。没有比这更好看的马了，我们一定要把画拿给奶奶和邻居们看看"是赞美。

发现两者之间的区别了吗？

鼓励和赞美有天壤之别，而你的孩子也知道这一点。他知道自己不是班里最聪明的孩子，他的画也谈不上完美。此外，他还知道自己不能把所有事情都做到最好，总有比他还优秀的孩子。

所以不要试图愚弄你的孩子，而要通过鼓励肯定他们的努力。知道自己某件事情做得很好会使他们产生成就感，从长远来看，这种孩子要比被不真实的赞美和不该获得的奖励所环绕着的孩子表现得更加耀眼。

对孩子来说，最甜蜜的话语大概是："我关心你，我相信你，我信任你。""哇，你自己想出了办法。看到你深入研究一个项目，然后依靠自己的能力完成它，我感到非常欣慰。你一定感觉非常棒。"类似的表达鼓励的话语会激励孩子继续去做类似的事情，甚至完成更大的项目。

另外，别忘了鼓励不一定非要通过口头上的肯定来表达。不妨尝试这样做：手写一封信或者一张便签。无论多大年纪的孩子都喜欢收到信件或者塞在铅笔盒里的惊喜纸条。

这种表达方式对赢得孩子的心和让他们学习合作大有裨益。

第四件事：笑口常开

要想培养全面发展的孩子，就要让自己和孩子常常露出笑容。让孩子笑口常开如同给正在生长的植物浇水，让它们接受阳光的照耀。全家人一起因为某件事开怀大笑有助于增强家庭的凝聚力，这比其他任何方法都能更快地消除分歧。注意，不要互相嘲笑。嘲笑很容易令人受伤，并且会在家庭成员之间筑起屏障。

能一起开怀大笑的家人会团结起来，无论现在还是未来，他们都想共同度过每段难忘的时光。我们家就是一个很好的例子。我的5个孩子和4个孙子/女居住于美国各地，但一有机会我们就聚在一起。每当这时，我们的欢声笑语都会越过院墙。我们会尽可能地感染身边的每一个人，无论是餐厅里的服务员还是在公园长椅上独坐的老者。就算只能通过短信和电话交流，我们也都会在欢笑中度过每一天。

无论度过多么紧张的一天，你都能找到可以开怀一笑的事情。笑声是最有效的良药，所以，请放轻松点吧。

运用任何教养技巧前，请先了解你的孩子

你可以从电影里学到许多教育子女的方法。相信我，我对此非常了解。

你看过经典的搞笑电影《神勇三蛟龙》(*The Three Amigos*)吗？我一直很喜欢这部电影里的一句台词："我熟悉你们每一个人，就像熟悉我自己一样。"

如果你想培养出长大后能够取得成功的孩子，那么你应该树立这样一个目标：像了解自己一样了解你的每一个孩子。

在孩子小的时候，每个星期五我都会给他们每人带一件特别的礼物。每件礼物都是不同的，因为他们每个人喜欢的东西都不一样。比如，我女儿汉娜喜欢奶油松饼。

如今，汉娜有一对双胞胎女儿，埃兹拉（Ezra）和奥利夫（Olive）。两个女儿4岁生日时，汉娜给她们买了巧克力口味的奶油松饼，还拍了她们满脸沾着巧克力的照片给外公、外婆看。她告诉女儿们："小时候，我爸爸每个星期五早上都会给我买一份奶油松饼。"

埃兹拉从她的椅子上猛地跳下来，大喊道："哦耶！"

这份传承还在继续。所以，你发现这件事有多重要了吗？我了解汉娜就像了解我自己一样，所以我会给她买她喜欢的奶油松饼。如今，她把这份巧克力味的祝福传递给了自己的孩子。每当她这样做的时候，都会回忆起自己小时候收到的礼物，继而重温来自父亲的那份温暖的爱。

你的每一个孩子都是"原创的"。他们不是你能在百货商店里买到的在流水线上生产的廉价商品，也不是父亲和母亲其中一人的复制品。"原创作品"需要我们花费时间、精力去培养。

每个孩子因其年龄和自身经历不同，对这个世界的认知也不同，以同样的育儿策略培养他们，他们可能会有不同的反应。这就是为什么对所有孩子

"一视同仁"是不可取的。孩子会因父母嘴上说着追求公平却做出了不公正的行为而生出怨恨之心，继而想要尽快离开家庭。

一旦你了解孩子就像了解自己一样，在处理事情时，根据你对每个孩子的了解采取应对措施，就不会做出让自己悔恨的举动，也不会犯那么多错误。你会像个成年人一样率先开口："对不起，我错了，请原谅我。"

不要催促孩子尽快长大，因为你知道这个过程会非常快。那个你整晚抱着，哄他睡觉的婴儿，如今正走在高中毕业典礼的红毯上。

以身作则，同时对他表示关心，他就会愿意合作。通过尝试上述的方法，确保孩子知道你认可他是家里的一分子，相信他的能力。鼓励他，但不要违心地赞美他。最后，每天和他一起开怀大笑。

家长们，这才是取得成功的秘方，而你的口袋里已经装满了你所需的全部原料。

莱曼博士的 10 秒钟解决法

问题：我儿子今年 15 岁，我发现他有些自私，完全不关心其他人。我该如何告诉他尊重他人的重要性，比如如何跟妹妹、住在隔壁的老奶奶相处？我希望他能主动帮老奶奶去杂货店买东西或者取信。

答案：你是不是包揽了他的所有事情，比如给他准备零食、帮他收拾房间和洗他的内衣？不要再这么做了。不再让他过衣来伸手、饭来张口的生活是诱发他改变的绝佳动力。过一段时间，他一定会问："发生什么事了？为什么你不帮我洗衣服了？你怎么了？"

你耸耸肩道："我什么事都没有，但你可能有点儿问题。除了你自己，你好像不关心任何人。我为你做了这么多事，你连一句'谢谢'都不说。我们的邻居埃尔德里奇（Eldridge）夫人在上坡路上吃力地推购物车，而你却径直从她身边走过。既然你选择不去帮助他人，那么我也选择不再帮助你。"

随后你转身离开，你的儿子一脸困惑、目瞪口呆。他有很多事情要好好想想。

接下来，请期待他的改变吧。

改变孩子，从接纳他们开始

我亲爱的妻子桑德特别喜欢指派我去商店购物。在我看来，这是她的诸多项使命之一。

身为一个尽职尽责的丈夫，无论她什么时候开口，我都会去，甚至从中找到了乐趣。有一次，排队结账的队伍很长，大伙儿看上去都无精打采，于是我大声说道："我告诉你们我妻子到底有多不喜欢我，她居然在感恩节前一天让我来这儿，来好市多（Costco）！"队伍里所有不耐烦的顾客们眉头一松，都笑了起来。

我妻子很喜欢派我去执行任务，有些甚至是"不可能完成的任务"。有一次，她派我去一家大型的家居用品店买植物营养素，用来给屋外的花施肥。

服务台前那个一脸沧桑的工作人员摩挲着下巴道："唔，你可以去那里找找。"他指明了方向，继续说："但我觉得营养素现在可能没有货，那是春天才销售的产品。"

当时是 11 月。

我给妻子取了一个爱称——"乌庭顿（Uppington）夫人"，因为她完全具备长女应具备的细致性格。她为什么要在 11 月让我去买肥料呢？她很清楚现在种什么花都会死。我们住在亚利桑那州的一条河边，那里的夜晚非常寒冷，但她还是要种花。

而我呢？我只是听从妻子的指示罢了。我尽职尽责地先后去了 3 家商店，每次得到的都是同样的坏消息：没有植物营养素。

一次，在回家的路上，我忽然意识到这个场景是如此熟悉，我每次都空手而归，但还是坚持去商店里寻找。我简直是疯了。想到这里，我笑了起来。

前一段时间，我设法让"乌庭顿夫人"相信，我们家的前院种不了柑橘树，但她十分坚持。她的脑海中有一个完整的计划，她希望我们的孩子在感恩节和圣诞节回家的时候，能看到被鲜花装点得更加美丽的庭院和房子，无论如何，努力为一家人共度的时光添彩——不管是在屋外栽种花朵、布置充满节日氛围的餐桌中央装饰品还是准备特别的菜单，都彰显出她热爱生活的态度。这是我爱她的诸多理由之一。

为了使她脑海中的计划能顺利实现，我多费点儿力气打扫楼梯和前院让她开心，又有什么大不了的呢？

你见过一座真正美丽的花园吗？像桑德那样拥有园艺才能的人总是会让我这种对这方面一窍不通的家伙大吃一惊。除了欣赏到周围绽放的美丽花朵之外，我还学到了一些事情。

一株时常被人照看、观赏的植物，如果被浇了太多水，根部空气不流通，就会发育迟缓，甚至永远也开不了花。它只会变得无精打采，在恶劣的环境下根本没有办法生长。如果一株植物没有得到"爱意"的浇灌，没有吸收一剂名为"鼓励"的营养素，还总是面对严酷的日照和高温，终将枯萎、死去。

孩子和植物很像，坚持适当地为他们浇水、施肥，他们才能茁壮成长。而最需要做这些事情的人就是你，因为你是他们的园艺大师。

爱且重视自己的孩子，意味着你会接纳他们古怪的举止，即便它们看上去很傻或者不合时宜，但对他们来说却意义重大。

你会和他们一起想象："你想成为第一个生活在火星上的人类吗？唔，我很想知道那会是什么样子，你觉得呢？你是怎么想的？"谁知道呢？或许你此刻正在培养一位未来的天文学家。

无法在现实生活当中满足孩子的东西，你可以将它于幻想的世界中呈现。你的孩子想要一只鬣蜥蜴，但你们住在阿拉斯加州（Alaska），这里没有鬣蜥蜴。那为什么不试试假装拥有一只鬣蜥蜴呢？比如，用一只毛绒玩具进行代替，然后发挥你的想象力。也许，你的孩子出于好奇通过互联网搜索有关动物的信息会引导他成为一名兽医或者动物学家。

花时间探索孩子的兴趣爱好，无论是堆叠彩色杯子、经营一间蚂蚁农场还是在网上研究非主流音乐。

此外，你可以在深秋时节在屋外种些花，因为那些花朵不仅美丽，对你所爱的人来说也很重要。

[总 结]

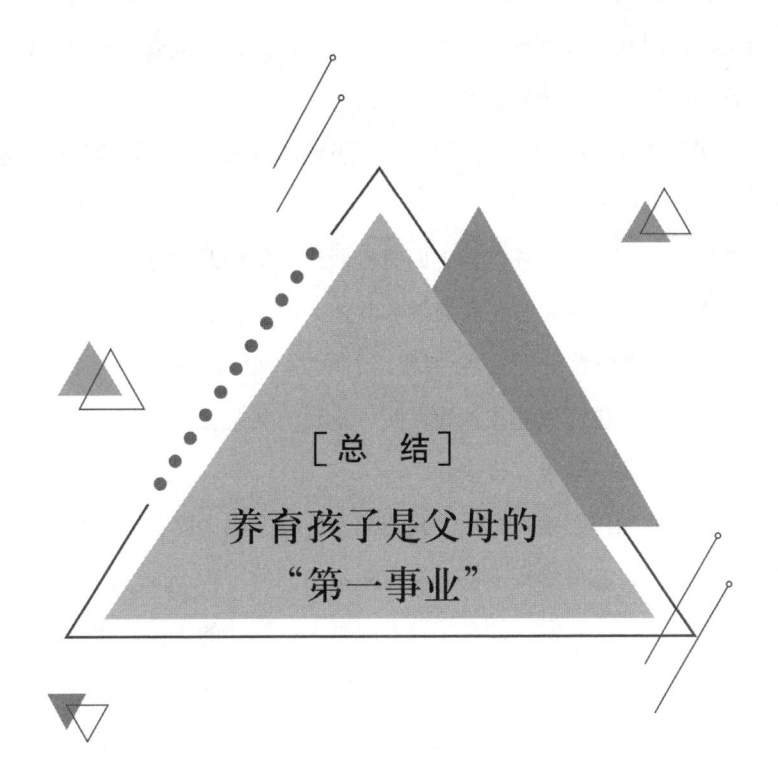

养育孩子是父母的"第一事业"

关于教育子女，每位家长都会有这样的体会：即便在这一路上犯过不少错误，但也做对了一些事情。以下便是我产生这种体会的一段回忆。

因为要同美国和加拿大的各种团体进行交流，所以我的许多时间都花在了坐飞机上。彼时我女儿克里希在芝加哥上大学，我会特地安排行程，在那里转机，以便利用这段时间去看望她。

有一次，我去了她的学校。因为我知道她的课程表，所以直接去了解剖学教室，站在门外等她。

下课后，教室门被拉开，学生们鱼贯而出，他们盯着那个矮小、肥胖、有些秃顶的男人——也就是我。我显然和其他人不一样。

克里希笑着走出教室，身边簇拥着几个同学，他们正在进行一场愉快的交谈。

即便如此，她也应该注意到我，我可是她的父亲。

但她径直从我身边走了过去。

我简直不敢相信眼前的场景。我圆滚滚的肚子因为吃了太多馅饼而隆起，在狭窄的走廊里，有些学生不得不像在跳瓦图西舞（Watusi）似的避开。

就在那时，我决定做一件在年轻人眼里不可原谅的事情。我当着她那些同学的面大喊道："你最近怎么样，克里希？"

克里希猛地停下了脚步，她转过身，看到了我，然后开始上蹿下跳道："我爸爸来了。我爸爸来了。大伙儿……是我爸爸来了！"她差点儿就要尖叫了。紧接着她冲向我，给了我一个大大的拥抱。

那一刻，眼泪顺着我的脸颊流了下来。我的心变得柔软。

你知道吗？当时我恨不得立刻给我亲爱的妻子打电话，同她分享这次人生经历。

我女儿曾经让我不要去看她的排球比赛，但我仍旧驱车 145 千米出现在了比赛场地，她在赛场上向我打了个不起眼的手势，确认她看到了我，告诉我"爸爸能来让我很高兴"。

许多年之后，父亲再次设法进入她的世界，这依旧让她激动不已。

在这样的情形下，你深知在养儿育女这件事上投入所有爱和时间都是值得的。如今，家长们都十分不容易，因为学校、各种活动和互联网的存在，陌生人极大地影响着孩子的成长。但在孩子身上进行投资，你会收获最大的回报：他们充满爱的心灵。并且这份投资不仅影响你的孩子，他们的伴侣、你的孙子/女和曾孙子/女也能从中受益。

> 在孩子身上进行投资，你会收获最大的回报：他们充满爱的心灵。

家庭生活中的任何改变都源于你。

开始行动时，一定要牢记最终目标。明确你希望孩子所具备的品格，然后慢慢培养他们。

- 期待这些品格发挥最大作用，不断在培养过程中修正你的行为。
- 尊重和永不服输的态度有助于激励你的孩子飞向更广阔的世界。
- 做你的孩子崇拜的和想要成为的英雄。
- 将现实管教法与沟通、同情和承诺结合起来。
- 紧盯你的最终目标，不要让任何事情使你分心。

牢记，当你将摩擦产生的频率降至最低的时候，解决方案就被优化了，你便能够让孩子听话。

最重要的是，将亲子关系放在首位。对于孩子来说，没有什么比知道你关心他、支持他更加重要。

此刻就是一个完美的契机。对你教育子女的方式进行微调，或者完全改变你以前使用的培养方法，重新开始。我相信你可以做到。梦想的实现并非通过魔法，它需要付出汗水、决心和努力。

一旦你遵循本书中介绍的原则和建议，全身心地投入教育子女的事业当中，你就会明白自己所有的付出都是值得的。一段时间后，回首过往，你必将坦言："这是我所做过的最棒的事情。"